Das Vorlesebuch für starke Familien

Das Vorlesebuch für starke Familien

Mit Bildern von Rike Janßen

Gabriel

Inhaltsübersicht

Der mittelgroße Superhase

von Dagmar Geisler

Ich heiße Tobias. T-O-B-I-A-S! Das ist wichtig. Das muss ich so laut sagen, sonst hab ich das Gefühl, gar nicht da zu sein. Aber ich bin da und nicht zu übersehen. Ich bin einen Meter und einunddreißig Zentimeter groß, meine Haare sind hellbraun und meine Augen haben die Farbe von Karamellpudding. Das sagt jedenfalls Oma, aber Oma ist viel zu selten da.

Ich sitze am Esszimmertisch und male ein Bild. Auf dem Bild ist eine Hasenfamilie. Vater, Mutter und mindestens dreizehn Kinder. Es sind Superhasen! Alle tragen ein Superhasenkostüm und wollen die Hasenwelt retten. Sie sind auf der Suche nach der Supermöhre. Nur wer von der Supermöhre gefressen hat, bekommt Superhasenkräfte. Die Hasen suchen und suchen. Zum Schluss findet das siebte Hasenkind die Möhre und dann rettet es alle anderen Hasen vor dem fiesen Fuchs. Wenn ich alle dreizehn Hasenkinder male, ist der siebte Hase der in der Mitte. Die Supermöhre wird riesengroß. Andauernd muss ich den orangefarbenen Buntstift anspitzen.

Die Uhr tickt. Mama tippt auf ihrem Laptop. Ab und zu seufzt sie leise vor sich hin. Ich weiß gar nicht, was sie da macht. Vielleicht schreibt sie einen Brief ans Finanzamt. Finanzamt. Das ist etwas, vor dem Erwachsene sich fürchten. Kinder fürchten sich vor Monstern oder vor bösen Mördern, die heimlich unter dem Kinderzimmerteppich warten, bis das Kind eingeschlafen ist. Die Monster und die bösen Mörder im Kinderzimmer gibt es nicht. Aber das Finanzamt gibt es schon, sagt Mama.

Jetzt bricht der dumme Buntstift auch noch ab und ich muss ihn schon wieder anspitzen. Ich höre Geräusche. Sie kommen von der Haustür. Jemand hat aufgeschlossen und wirft jetzt seine Tasche auf den Boden. Es klatscht und dann macht es doing, doing, doing.

Ich weiß genau, wer da kommt. Es ist mein Bruder Raffael mit seinem Fußball. Mama weiß das auch. Sie weiß es, ohne hochzugucken.

»Na, mein Großer«, sagt sie. »Wie war das Training?«

Raffael lässt seinen Fußball übers Parkett ditschen.

»Genial«, sagt er. »Ich bin der neue Mittelstürmer. Am Sonntag könnt ihr mich sehen. Wir machen die Seelbacher platt. Jede Wette!«

Mama lacht. Ich spitze den blauen Buntstift und male dem siebten Hasenkind ein Superhasencape. Es beißt von der Supermöhre ab und fliegt auf den Kirchturm. Ich drücke zu fest auf. Die Spitze

vom blauen Buntstift kracht weg. Jetzt muss ich schon wieder spitzen.

Da knarzt eine Tür. Tapp, tapp, tapp, macht es. Nackte Füße patschen über den Steinboden im Flur. Es duftet plötzlich nach Babycreme und frisch gewaschenem Schlafanzug.

»Hallo, meine Kleine«, sagt Mama. Sie steht auf und hebt meine kleine Schwester auf ihren Schoß. Sophie reibt sich mit der kleinen Faust den Schlaf aus den Augen. Ihre Backen sind noch ganz rot und die Haare verwuschelt vom Kopfkissen.

»Hast du ausgeschlafen?«, fragt Mama mit ihrer Babystimme.

Ich male dem Superhasen auf dem Kirchturm eine Sprechblase. »WAAAAH!«, macht der. So laut, dass die Hasenmutter in Ohnmacht fällt. Das ist die Chance für den fiesen Fuchs. Aber er hat kein Glück. Das siebte Superhasenkind stürzt sich vom Turm, schlägt den Fuchs in die Flucht, schnappt sich das Hasenbaby und bringt es in Sicherheit.

Mama steht auf und geht in die Küche. Sophie braucht ihren Brei und ihren Tee.

»Hast du Hunger?«, fragt sie Raffael.

»Wie ein Wolf«, sagt der. »Das Training war sehr anstrengend.«

Mama füttert Sophie und Raffael bekommt den Rest von der Pizza, die es heute Mittag gegeben hat.

Ich nehme mir ein neues Blatt. Jetzt male ich den fiesen Fuchs. Ich male, wie er sein Maul aufreißt und alle seine spitzen Zähne zeigt. Das ist kompliziert. Ich muss das Rot vom Fuchsmaul um das Weiß von den Zähnen herummalen.

Ein Auto hält vor dem Haus. Jemand steigt aus. Dann höre ich das blecherne Gerappel vom Garagentor. Das muss Papa sein.

»Jemand zu Hause?«, ruft er. Das ruft er immer, dabei weiß er genau, dass wir da sind.

»Hallo Paps«, rufen wir.

»Hallo Familie«, antwortet er dann. Das macht er auch jeden Tag und dann kommt er durch die Tür. Er ist so groß, dass er fast oben am Türrahmen anstößt. Trotzdem sagt er: »Na, mein Großer.« Er packt Raffael hinten am Kragen und schüttelt ihn ein bisschen hin und her. »Wie war das Training?«, fragt er. Raffael kichert. »Lass los, das kitzelt!«, ruft er.

Der fiese Fuchs braucht noch einen buschigen Schwanz und lange spitze Ohren. Ich suche das rötliche Braun. Wo ist das nur wieder hin? Ich schaue auf dem ganzen Tisch herum, aber das blöde Braun ist nirgends zu finden.

Sophie hat den ganzen Brei aufgegessen. Der Rest klebt in ihrem Gesicht und auf dem Schlabberlatz mit den kleinen Hasen drauf. Die Hasen auf dem Schlabberlatz sind hellblau und niedlich. Nicht so wie meine Superhasen, die sehen richtig gefährlich aus, besonders der siebte.

Paps packt Sophie unter den Ärmchen und hebt sie hoch über seinen Kopf. »Hallo, meine Kleine«, sagt er. Sophie giekst. »Papa« kann sie noch nicht sagen. Jedenfalls nicht so, dass man es erkennt.

Auf einmal habe ich keine Lust mehr zu malen. Der fiese Fuchs ist noch gar nicht fertig. Ich suche jetzt nicht mehr nach dem braunen Stift und auch nicht nach dem schwarzen. Mit dem schwarzen Stift wollte ich die Fuchsaugen machen. So richtig schön wütende Fuchsaugen mit rabenschwarzen Augenbrauen wollte ich malen. Stattdessen krieg ich jetzt selber eine Wut. Ich spüre sie zuerst im Bauch und dann kriecht sie immer höher und höher bis in meinen Hals.

»WAAAAH!«, brülle ich. Ich brülle so laut wie der Superhase auf dem Kirchturm. Ich springe auf und haue mit der flachen Hand auf den Tisch. Meine Stifte hopsen alle durcheinander. Sophie schaut

mich ganz erschrocken an und die anderen drei reißen verwundert die Augen auf.

»Ich kann das nicht mehr hören«, rufe ich. »Immerzu: ›Mein Großer!‹ und ›Meine Kleine!‹ Nie sagt jemand: ›Mein Mittlerer!‹«

Ich stemme die Fäuste in die Seiten und gucke so böse, wie ich nur kann. Viel böser als der fiese Fuchs.

»Ups!«, sagt Papa.

»Oh!«, macht Mama.

»Da hat er irgendwie recht«, sagt Raffael.

»Mbrr«, macht Sophie. Ein bisschen Brei sprüht durch die Gegend. Da muss ich leider grinsen. Mama wischt den Brei von ihrem Pulli. Paps zaust mir durch die Haare. »Wie war dein Tag, mein Mittlerer?«, fragt er und grinst.

»Was machst du da eigentlich die ganze Zeit, Kleiner?«, fragt Raffael, grapscht nach meinem Bild und hebt es hoch.

»Ich bin nicht klein«, sage ich und muss lachen. Das Lachen kullert aus mir heraus wie die Bläschen in der Limonade. Und dann erkläre ich denen, was ich gemalt habe. Raffael gefällt am besten das Maul vom fiesen Fuchs.

»Cool«, sagt er und dreht sich zu Mama und Papa um. »Der Kleine ist ein großer Künstler, was?«

»Stimmt«, sagt Mama. Sie legt mir ihren Arm um die Schulter. »Und mein mittelgroßer Superhase ist er auch.«

Juli und das Monster

von Kirsten Boie

Immer, wenn Juli aufs Klo geht, sitzt da ein Monster und wartet auf ihn. Man kann es nicht sehen, aber es ist da: Monster sind nämlich manchmal unsichtbar.

»Es gibt gar keine Monster, mein Schatz«, sagt Mama und wechselt dem Baby die Windeln. Aber das Monster im Klo gibt es und vielleicht greift es mal nach Juli und beißt ihn in den Po.

»Komm schnell noch mal aufs Klo, bevor du zum Kindergarten gehst«, sagt Mama.

Aber im Klo sitzt das Monster und wartet auf Juli.

Da zieht Juli sich lieber seine Schuhe an und kneift die Beine zusammen und trampelt von einem Fuß auf den anderen. »Ich muss ja gar nicht«, sagt Juli.

»Ich seh doch, dass du musst!«, sagt Mama. Das Baby zappelt so, dass sie fast die Windeln nicht zugeklebt kriegt. »Nun mach schon, Juli, und dann gehen wir los.«

Aber Juli sagt: »Nein, nein, weißt du doch gar nicht!«, und da zuckt Mama mit den Achseln und zieht sich auch ihre Schuhe an. Sie legt das Baby in die Karre und geht mit Juli zum Kindergarten.

»Aber nicht, dass unterwegs was in die Hose geht!«, sagt Mama.

Das kann sie ja leicht sagen, aber der Weg ist wirklich ziemlich weit und wenn Juli nicht schon so groß wäre und wenn nicht so viele Autos unterwegs wären und Leute und Schulkinder, dann würde er sich doch vielleicht einfach irgendwo hinter einen Baum stellen, so dringend fühlt es sich an. Aber so geht das natürlich nicht. Da gehen eben leider ein paar ganz winzig kleine Tropfen in die Hose, das muss Mama ja nicht wissen.

Im Kindergarten muss Mama ihm natürlich wieder einen Abschiedskuss geben und das Baby schreit immerzu: »Aguuu! Aguuu!« und streckt die Arme aus und da sagt Mama, dass Juli sich auch von ihm ganz lieb verabschieden soll.

Aber dann gehen sie Gott sei Dank endlich nach Hause und da zieht Juli sich blitzschnell seine Straßenschuhe aus und die Kindergartenschuhe an. Jetzt geht Juli aufs Kindergartenklo, das ist besser.

Natürlich kann man nicht wissen, ob nicht auch im Kindergarten Monster auf dem Klo hocken.

Das Kindergartenklo hat drei Kabäuschen, da könnte sich natürlich auch ein Monster verstecken. Es könnte sogar aus Julis Klo dahin geschwommen kommen, unterirdisch, durch die Kanalisation. Nur um auf Juli zu warten.

So gemein ist das Klomonster nämlich. Aber im Kindergarten sind Monster nicht so gefährlich. Weil man da nämlich nicht alleine gehen muss.

»Arne?«, ruft Juli und streckt den Kopf durch die Gruppenraumtür. »Kommst du mit aufs Klo?«

18

»Zuerst wird hier mal Guten Morgen gesagt!«, sagt die Erzieherin und schüttelt Juli die Hand. »Und du weißt ganz genau, dass ihr alleine aufs Klo gehen sollt, zusammen ist verboten.«

Aber gestern ist Juli heimlich mit Nina und Katrin gegangen und das war schön. Da haben sie sich zu dritt in ein Kabäuschen gequetscht und zuerst hat Nina gepinkelt und dann hat Katrin gepinkelt und zuletzt auch noch Juli. Und Juli musste ein bisschen lachen, als Nina sich aufs Klo gesetzt hat und als Katrin sich aufs Klo gesetzt hat, und als er dann dran war, haben die Mädchen gelacht. Da hat Juli das Monster ganz vergessen und bei so viel Gelache hat es sich natürlich sowieso nicht getraut.

Aber die Erzieherin hat sich getraut! Sie hat das Lachen gehört und die Kabäuschentür aufgerissen und so laut geschimpft, dass das Monster vor Schreck bestimmt wieder in die Kanalisation zurückgeschwommen ist. Und zu Juli hat die Erzieherin lauter unfreundliche Sachen gesagt. Mit den Mädchen geht Juli vielleicht nicht mehr aufs Klo.

»Flori?«, flüstert Juli und jetzt muss er die Beine schon fast über Kreuz machen, so grässlich fühlt es sich an. »Kommst du mit mir zum Klo?«

Aber Flori muss Lego bauen und Arne muss Puzzles stecken und Richard traut sich nicht und im Klo sitzt bestimmt wieder das Monster und reckt seinen Kopf über den Rand.

»Fabian?«, flüstert Juli.

Und da ist es schon passiert. Man kann es kaum glauben, das Allerschrecklichste ist passiert, das Aller-, Allerschrecklichste, wenn man schon groß ist und kein Baby mehr.

»Juli hat in die Hose gemacht!«, schreit Bitzi und dann kommen

alle aus der Puppenecke und aus der Bauecke und vom Maltisch und gucken Juli an, Juli und seinen kleinen See, und die Mädchen kichern und die Jungs stoßen sich an und Juli kneift die Beine ganz fest zusammen. Aber das hilft nun auch nichts mehr.

»Du meine Güte!«, sagt die Erzieherin. »Auch das noch!«

Dann holt sie einen Waschlappen und wischt den See weg und dann nimmt sie Juli bei der Hand und geht mit ihm ins Erzieherinnen-Zimmer.

Da muss er eine von den grässlichen Ersatzhosen anziehen, die passt ihm kein bisschen, und eine Ersatzunterhose, die ist ihm viel zu groß.

»Willst du jetzt lieber schnell noch mal aufs Klo?«, fragt die Erzieherin. »Dass so was nicht noch mal passiert?«

Aber jetzt muss Juli schon längst nicht mehr.

Und in den Gruppenraum will er auch nicht, weil da jetzt alle sitzen und lachen, aber die Erzieherin sagt, er muss dahin, und nimmt ihn bei der Hand.

Und natürlich lachen sie alle wirklich und Arne ruft: »Baby!« und Juli denkt, dass er morgen bestimmt nicht wieder hierher geht und heute haut er den Lachern noch mal ordentlich eine runter, dass sie wissen, wer hier ein Baby ist.

Leider findet die Erzieherin das gar nicht schön und bringt Juli in die Fensterecke, damit er sich besinnt, und die anderen schickt sie nach draußen. Dann geht sie selber hinterher.

Nur auf Katrin hat sie wohl nicht richtig aufgepasst.

»Na, Juli?«, sagt Katrin an der Tür zum Garten. Sie hat überhaupt kein Lachgesicht mehr. »Die Hose ist aber doof!«

»Hau ab!«, sagt Juli und dreht sich zur Wand. »Sonst hast du gleich die Nase blau!«

Aber Katrin haut überhaupt gar nicht ab.

»Ich hab mir auch mal in die Hose gemacht«, sagt Katrin. »Im Kaufhaus. Da war mir das Klo so eklig.«

»Hau ab!«, sagt Juli wieder. Aber das von der blauen Nase sagt er nicht noch mal.

»Hier sind die Klos ja nicht eklig«, sagt Katrin. »Hier geh ich immer.«

»Im Klo sitzt ein Monster«, murmelt Juli.

»Vielleicht.«

Jetzt muss Katrin sagen, dass es keine Monster gibt. Und schon gar nicht im Klo. Aber das sagt Katrin nicht.

»Ich weiß«, sagt Katrin. »Bei uns zu Hause auch.«

»Bei euch zu Hause auch?«, fragt Juli verblüfft. »Und was machst du da?«

»Ich pinkel ihm auf den Kopf«, sagt Katrin zufrieden. »Und dann haut es ab.«

»Ehrlich wahr?«, fragt Juli ungläubig. »Und dann haut es ab?«

»Heilig geschworen«, sagt Katrin und dann gehen sie zusammen nach draußen und rollen in den Tonnen.

Und zu Hause hat Juli den Trick dann gleich ausprobiert. Er ist einfach aufs Klo gegangen, ganz alleine, und er hat sich ganz dicht davor gestellt.

Und dann hat er gesagt: »Monster, hau ab! Sonst pinkel ich dir auf den Kopf.« Und das hat er auch getan.

Und tatsächlich, das hat das Monster nicht gemocht. Jedenfalls

war es von da an verschwunden, für immer und immer. Es war nicht mal mehr unsichtbar da. Und wenn Juli im Kindergarten jetzt immer noch mit Arne und Flori und Fabian und Katrin und Nina aufs Klo geht, dann überhaupt nicht, weil er Angst hat – einfach nur, weil es lustig ist.

Mama, was soll ich spielen?

von Ursel Scheffler

Lena hat gerade Geburtstag gehabt. Ein wenig ratlos sitzt sie jetzt zwischen den vielen Spielsachen und weiß nicht, was sie spielen soll.

»Spiel doch mit deiner Puppe«, sagt ihre Mama. »Oder sieh dir eins der Bilderbücher an. Ich hab jetzt keine Zeit, ich muss schnell noch was am Computer machen.«

Lena mag es gar nicht, wenn Mama am Computer sitzt oder mit ihrer Freundin telefoniert, statt mit ihr zu spielen.

Sie wirft sich auf ihr Bett und ist sauer. Aber nicht lange … Auf der Straße hört sie ein Kind lachen. Sie läuft ans Fenster.

Im alten Haus nebenan ziehen wieder Leute ein. Ein Kind mit seinen Eltern. Das muss Lena sofort ihrer Mama erzählen.

»Mama, Mama!«, ruft Lena. »Wir kriegen neue Nachbarn.«

»Das wussten wir doch«, sagt Mama und schreibt weiter.

»Mama, guck doch, was die für lustige Möbel haben!«, ruft Lena.

»Hab keine Zeit zum Gucken«, sagt Mama.

»Sie haben einen Papagei, einen karierten Kühlschrank, einen Hund und ein lila Sofa«, sagt Lena.

Nun geht Lenas Mama doch ans Fenster. Verwundert schüttelt sie den Kopf und sagt: »Die Möbel sehen aus wie vom Sperrmüll. Und überhaupt: Ein karierter Kühlschrank! Wie kann man nur!«

»Das Mädchen ist ungefähr so alt wie ich. Ob sie mit mir spielt?«, überlegt Lena, die gar nicht versteht, was Mama gegen karierte Kühlschränke hat.

»Na ja, ich weiß nicht«, sagt Mama und rümpft die Nase.

»Ich finde die Sachen lustig«, sagt Lena. Sie nimmt ihre neue Puppe auf den Arm. Jetzt kann die auch mit gucken.

Als es dunkel wird, gehen drüben im alten Haus die Lichter an. Noch sind es nur nackte Birnen, die von der Decke hängen. Aber es wird noch gebohrt und gehämmert.

Der Hund bellt.

»Bestimmt hat er Hunger«, sagt Lena zu ihrer Mama. »Darf ich ihm was zu essen bringen? Du hast doch Fleisch gebraten für euren Besuch heute Abend. Kann ich die Knochen haben?«

»Das wäre ziemlich aufdringlich, findest du nicht?«, fragt Mama. »Du kannst ja morgen ein paar Blumen pflücken und rüberbringen.«

Um halb acht muss Lena ins Bett, weil um acht Uhr die Gäste kommen. Papa liest die Gute-Nacht-Geschichte vor. Die fällt diesmal ziemlich kurz aus. Dafür spricht Lena das längste Nachtgebet, das sie

kennt, und sagt zum Schluss: »… und lieber Gott, pass auch auf unsere neuen Nachbarn auf und auch auf ihren Hund und ihren Papagei.«

Dann klingelt es. Die Gäste kommen.

Mama bringt noch einen Gute-Nacht-Kuss vorbei, macht das Licht aus und sagt: »Schlaf gut, mein Schatz!«

Aber Lena kann nicht schlafen. Genau wie das Eichhörnchenkind, das jetzt durch die Äste des Ahornbaumes tobt, der vor ihrem Fenster steht. Lena kann es vom Bett aus beobachten.

Wenn ich ein Eichhörnchen wär, dann würde ich jetzt über die Mauer in den Garten der alten Villa hüpfen und auf die Fensterbank und nachsehen, ob das Mädchen noch wach ist, denkt Lena. Aber da ist sie auch schon eingeschlafen.

Am nächsten Tag scheint die Sonne. Es sind Kindergartenferien. Das ist schade, findet Lena. Im Kindergarten weiß man immer, was man spielen soll und mit wem. Jetzt sind die meisten ihrer Freunde weggefahren.

»Mama, was soll ich spielen?«, sagt Lena und dreht gelangweilt an ihren Haaren.

»Ich kann diesen Satz nicht mehr hören!«, seufzt Mama. »Dein Zimmer ist doch voller Spielsachen!«

»Aber was soll ich damit machen?«, fragt Lena leise. »Kannst du nicht mit mir Kaufladen spielen?«

»Ich muss jetzt dringend bügeln. Nach dem Bügeln spielen wir was«, verspricht Mama.

»Na gut«, antwortet Lena und geht ins Kinderzimmer.

28

Kurz darauf kommt sie wieder: »Mama, kannst du mir den Ball herunterholen? Er ist auf den Schrank gefallen.«

»Das soll Papa heute Abend machen. Ich brauche dafür eine Leiter.«

Zehn Minuten später steht Lena wieder da: »Mama, meine Kette ist gerissen. Kannst du mir die Perlen auffädeln?«

»Dafür brauch ich meine Brille«, sagt Mama ungeduldig. »Und jetzt lass mich bitte bügeln.«

»Ich geh draußen spielen«, ruft Lena nach einer Weile.

Mama bügelt immer noch. »Ist gut«, ruft sie zurück.

Lena nimmt ihre Puppe und geht in den Garten. Es ist eine Sandkiste da und eine Schaukel. Aber dafür interessiert sich Lena nicht. Sie hat wieder das lustige Lachen gehört! Und den Hund.

Ein Ball rollt durch die Lücke im Zaun. Der Hund fegt hinterher.

»Tschuldigung!«, ruft das Kind herüber. »Wir haben vorher auf einem Bauernhof gewohnt. Nero kennt keine Zäune.«

»Ich mag Hunde«, sagt Lena.

Jetzt steht das Kind am Zaun und sagt: »Ich bin Anna. Wir sind gerade eingezogen. Wohnst du schon immer hier?«

Lena nickt.

»Und wie heißt du?«

»Lena. Und ich bin seit gestern fünf!«

»Genau wie ich. Wollen wir zusammen spielen?«, fragt Anna.

»Gern, aber was?«

Anna lacht. »Mir fällt immer etwas ein. Komm mit auf mein Schloss.«

»Du hast ein Schloss?«

»Oder eine Pirateninsel, eine Ritterburg oder eine Räuberhöhle, was ist dir lieber?«

»Ritterburg«, sagt Lena überrascht.

Anna geht mit Lena zu dem verfallenen Pavillon im Nachbargarten. »Vorsicht! Das ist eine Dornenhecke«, sagt Anna und schiebt das Efeu beiseite, das vom Dach hängt. »Die Ritter sind gerade fortgeritten. Wenn du es nicht weitersagst: Es sind Raubritter. Die lauern jetzt unten an der Landstraße reichen Kaufleuten auf.«

»Und wer bist du?«

»Ritterfräulein Anna und du bist meine Freundin Lena. Wollen wir was kochen für die Raubritter?«

»Und was?«

»Löwenzahnsalat mit Gänseblümchen«, schlägt Anna vor.

»Ich mache einen Braten«, sagt Lena. Sie hebt einen alten Schuh auf.

»Wo ist der Backofen?«

»Da hinten. Vorsicht. Er ist schon heiß!«, sagt Anna und deutet auf den rostigen Rasenmäher in der Ecke.

Die beiden Ritterfräulein holen das Gemüse aus dem Garten.

»Ich deck schon mal den Tisch«, sagt Lena und legt große Efeublätter auf die Gartenbank vor der Ritterburg.

Die beiden sind so in ihr Spiel versunken, dass sie gar nicht bemerken, wie sich eine dicke Gewitterwolke am Himmel zusammenballt. Es donnert. Und da fallen auch schon die ersten Regentropfen.

»Kommt doch rein und spielt im Haus weiter«, ruft Annas Mama.

Lena zögert. »Ich weiß nicht, meine Mama …«

»Ich ruf deine Mama an und sag Bescheid. Kennst du eure Nummer?«

Lena nickt.

»Vielleicht sollen wir jetzt lieber ›Piraten auf stürmischer See‹ spielen«, sagt Anna, als sie am Fenster stehen und in den Platzregen hinausschauen. Sie holt zwei Umzugskartons. Im Nu wird daraus ein Schiff.

»Alle Mann an Bord!«, ruft Anna.

»Zu Hause hätt ich eine Piratenflagge«, sagt Lena.

»Es wäre jetzt gefährlich, durch den Sturm bis zu deiner Insel zu segeln«, sagt Anna.

Sie malt einen Totenkopf auf ein Tuch und befestigt es an einem Besen.

»Toll!«, sagt Lena voller Bewunderung.

»Und woher kommt der Papagei?«, fragt sie dann.

»Oh, den hab ich auf einer Schatzinsel gefangen«, behauptet Anna.

»Und hast du auch einen Schatz gefunden?«

31

»Na klar, eine ganze Kiste voller Münzen und Schmuck. Ich will später mal Piratin werden! Und du?«

»Ich weiß nicht …«

»Los doch! Wünschen kann man sich alles.«

»Prinzessin vielleicht?«, überlegt Lena.

»Kannst du denn auf Schuhen mit hohen Absätzen laufen?«

»Ich übe manchmal mit Mamas Schuhen«, sagt Lena.

Am nächsten Tag sind die Handwerker in Annas Haus. Es wird gebohrt und gedübelt.

»Können wir bei dir spielen? Bei uns ist es so laut«, beklagt sich Anna, als sie sich wieder am Gartenzaun treffen.

»Das hat meine Mama auch schon vorgeschlagen. Komm rein!«, sagt Lena. »Wir machen die Fenster zu. Dann hört man den Krach nicht.«

»Mann, hast du viele Spielsachen! Da weiß man ja gar nicht, was man spielen soll«, ruft Anna staunend, als sie in Lenas Zimmer sind.

»Genau«, sagt Lena.

»Mann, du hast ja fünf Puppen und zwei Teddys! Wie heißen die?«

»Die haben keine Namen.«

»Das müssen wir schleunigst ändern. Weißt du was: Wir spielen Vater, Mutter, Kind und geben unseren Kindern zuerst einmal Namen!«

»Wie sieht es denn hier aus?«, ruft Lenas Mama erschrocken, als sie zur Tür hereinkommt.

»Wir spielen Vater, Mutter, Kind«, ruft Lena. »Und meine neue Puppe heißt Gabi, wie du!«

»Und wie heißen die anderen?«

»Das ist Prinzessin Isabella, das ist Ritter Kuno. Der Bär ist Robert, der Pirat.«

»Man sieht es an der Augenklappe«, sagt Mama.

»Die anderen Namen erfinden wir noch«, sagt Anna.

»Oh, wenn man so vielen Kindern Namen geben muss, bekommt man da nicht schrecklichen Hunger?«, fragt Lenas Mama.

»Schrecklichen!«, sagt Anna.

»Habt ihr Lust, kleine Kuchen zu backen? Dann kommt mit in die Küche. Der Teig ist schon fertig.«

Lena und Anna stürmen in die Küche.
Mama holt kleine Förmchen aus dem
Schrank. Die dürfen die beiden mit
Fett bestreichen und mit Semmel-
bröseln bestreuen. Dann kommt
der Teig hinein.

»Und jetzt ab in den Ofen«, sagt Mama.
»Hier ist der Küchenwecker. Wenn er klingelt,
ist euer Kuchen fertig.«

»Dann schauen wir mal nach Nero«, sagt Anna. »Um diese Zeit
gehen wir immer mit ihm raus. Und Mama und Papa sind noch
unterwegs und holen Sachen im Baumarkt.«

Als die beiden Mädchen vom Hundespaziergang
zurückkommen, duftet es im Flur schon herrlich
nach Kuchen.

»Wetten, dass Robert der Pirat schon einen
Bärenhunger hat?«, sagt Anna.

»Dafür isst Prinzessin Isabella bestimmt
nur ein winziges Stückchen, damit sie nicht
so dick wird wie Ritter Kuno«, sagt Lena.

»Komm, lass uns endlich Kuchen essen«,
sagt Anna.

Als sie einen Augenblick nicht aufpassen, schnappt sich Nero ein
ganzes Törtchen.

»Das ist mal wieder typisch für Nero, den gefährlichen Tört-
chendrachen«, sagt Anna.

»Na immerhin besser, als wenn er Prinzessin Isabella verschlun-
gen hätte«, kichert Lena.

Von da an spielen Anna und Lena fast jeden Tag gemeinsam. Mal mit den normalen Spielsachen, mal mit selbst ausgedachten.

Doch dann ruft Anna eines Tages an und sagt: »Heute kann ich leider nicht kommen. Wir fahren zum Geburtstag meiner Patentante nach Stuttgart.«

»Schade«, sagt Lena. »Und gerade heute hab ich in meiner Kindersprechstunde alle Hände voll zu tun!«

»Was ist denn passiert?«

»Kuno hat Bauchweh, Isabella hustet, Kasperl hat sich ein Bein gebrochen und der dicke Dinosaurier hat einen ganz heißen Kopf.«

»Oje! Dann wünsch ich allen gute Besserung«, sagt Anna.

»Und ich wünsch euch eine gute Reise«, antwortet Lena. »Jetzt muss ich auflegen. Meine Patienten warten.«

Der verzauberte Bruder

von Beate Dölling

Anna und Timo laufen durchs Gras. Timo will Fußball spielen, Anna will nur so durchs Gras laufen, weil es so schön an den Beinen kitzelt. Hinter dem Garten, auf der Wiese wächst Löwenzahn, ein Meer aus Pusteblumen. Timo schießt den Ball mitten hinein. Samen stieben in die Luft, trudeln durch den Wind wie kleine Fallschirme. Anna springt hinterher und will sie fangen. Timo holt sich den Ball.

»Hör auf zu schießen!«, ruft Anna. Sie möchte die Pusteblumen lieber einzeln abpflücken.

»Ich schieße doch gar nicht«, ruft Timo zurück.

»Doch!«

»Nein!«

»Was machst du denn?«

»Ich spiele Fußball«, sagt Timo und schießt den Ball wieder mitten in den Löwenzahn, dass die Pusteblumensamen wie eine Staubwolke aufschweben.

»Man kann hier gar nicht Fußball spielen«, sagt Anna.

»Klar, kann man.«

»Fußball kann man nur auf kurzem Rasen spielen.«

»Anfänger vielleicht. Ich kann auch hier spielen.« Timo holt aus für den nächsten Schuss und Anna läuft zurück in den Garten, so schnell sie kann. Lieber schaukelt sie, als mit anzusehen, wie ihr großer Bruder alle Pusteblumen abschießt. Wenn sie nicht danebensteht, beruhigt er sich schon wieder. Und dann bleiben noch ein paar für sie stehen, die sie abpflücken und abpusten kann.

Sie holt mit den Beinen Schwung und legt sich nach hinten, dann mit dem Oberkörper nach vorn. – Hoch, höher, am höchsten!

»Und jetzt rausspringen«, ruft Timo ihr zu.

Sie schüttelt den Kopf.

»Traust du dich nicht?«

Anna antwortet nicht und schaukelt weiter, fängt an zu summen und legt sich in den nächsten Schwung.

Timo hat ein Tor gebaut, im Garten, da, wo der Rasen gemäht ist. Er hat einen Eimer und einen Gummistiefel als Pfosten aufgestellt.

Er ruft Anna. Anna sitzt auf der Schaukel und lässt sich ausschaukeln. Sie soll sich ins Tor stellen. Sie schüttelt den Kopf.

»Los, geh ins Tor!«, sagt Timo.

»Zier dich nicht so.«

»Hab aber keine Luhust«, sagt Anna.

»Feigling, Feigling!«

»Selber Feigling!«

Wenn sie jetzt von der Schaukel steigt und zu den Pusteblumen geht, kommt er hinterher und schießt bestimmt alle ab, die sie pflücken will. Also bleibt sie sitzen und dreht sich mit den Schaukelseilen ein. Timo hechtet durch den Garten und schießt ein Tor nach dem anderen.

»Das ist voll langweilig ohne Torwart!«, nörgelt er. »Los, komm du jetzt endlich ins Tor!«

Anna dreht sich aus, kreiselt um sich selbst, schneller als ein Karussell. Jetzt ist ihr schwindelig. Sie springt von der Schaukel und torkelt ein bisschen. Dann stolpert sie über etwas. Es ist der Ball. Er liegt ruhig im Gras. Nanu? Wo ist denn Timo.

»Timo?«

Keine Antwort.

»Timo?!«

»Ich bin hier!«

Die Stimme kommt von oben. Anna schaut sich um, am Apfelbaum vorbei, an den Kirschbäumen, Richtung Haus.

»Hier!«, hört sie Timo noch einmal.

Dann sieht sie die Zweige der Tanne wackeln und ihren Bruder, durch dichtes Nadelgrün, wie er noch höher steigt.

»Boah«, sagt sie. Die Tanne ist der höchste Baum weit und breit, sogar noch höher als das Haus. Anna lehnt sich an den Stamm. Er hat eine raue, schuppige Borke. Sieht ein bisschen so aus wie ein Elefantenbein. Ein Tannenzapfen fällt runter, landet neben ihr. Sie sieht, wie Timo die einzelnen Äste hochsteigt, als wäre er auf einer Leiter, nur geht es an den Zweigen nicht so gerade hinauf. Mal muss er mehr zur einen Seite treten, mal zur anderen, aber Zweige zum Festhalten sind genug da. Unter dem Baum ist es dunkel und grün und es riecht ein bisschen wie Weihnachten.

»Pikst das nicht?«, ruft sie hinauf. Sie muss ihren Kopf schon in den Nacken legen, so weit oben ist Timo.

»Nö«, ruft Timo zurück und klettert noch höher. Die Zweige dicht am Stamm haben keine Nadeln, sonst würde er gar nicht so weit kommen. Jetzt sieht sie von ihm nur noch die Füße und die Hosenbeine. Dann hört sie ihn rufen:

»Ich kann übers Haus gucken! Über die Felder, bis zum Wald. Da stehen zwei Rehe. Krass! Ich sehe sogar die Kuhweide hinter dem Bach von Bauer Bielke. Ich …«

Dann wird es still. Im Baum raschelt es auch nicht mehr.

»Timo?«

Timo antwortet nicht.

»Was ist los?« Ihr tut der Nacken weh, vom Hochgucken. Sie geht einmal um den Stamm herum,

sieht Timos Hintern, seine Beine. Kurz auch sein Gesicht, wie er nach unten guckt. Irgendwie guckt er komisch. Sein Gesicht ist ganz verzerrt.

»Komm runter«, sagt sie. Es kribbelt im Bauch, ein bisschen so, als würde sie im Auto hinten sitzen und um eine Kurve fahren. Timo antwortet nicht. Sie ruft noch mal nach oben, aber ihr Bruder hockt nur da, und guckt nach unten.

»Kommst du jetzt?«

Keine Antwort.

Er hängt da zwischen den Zweigen wie Nutella, ihre Katze, als sie noch klein war und in einem Affenzahn den Kirschbaum hochgerannt ist und dann nicht mehr runterkam. Und dann saß sie da oben und maunzte, bis Papa hinterhergeklettert ist und sie von den Zweigen gepflückt hat.

»Timo, bitte, komm runter.«

»Gleich«, hört sie ihn. Seine Stimme ist dünn wie ein Spinnenfaden.

»Nein, jetzt.«

Keine Antwort.

»Sind die Rehe noch da?«

»Nein.«

»Und die Kühe?«

»Ja.«

»Kommst du jetzt runter?«

Keine Antwort.

Anna gefällt das nicht. Timo hängt da oben im Baum, der sogar höher ist als das Haus, und klingt, als hätte er Magen-Darm. Jedenfalls klang er letztens genauso, als er Magen-Darm hatte.

»Wenn du jetzt runterkommst, stelle ich mich auch ins Tor«, ruft sie nach oben.

Immer noch keine Antwort.

»Timo!« Sie stampft mit dem Fuß auf den Boden.

»Ich kann nicht«, hört sie seine Stimme von oben. Sie ist noch dünner als ein Spinnenfaden.

»Was kannst du nicht?«

»Ich kann mich nicht bewegen.«

Das ist ihr auch schon aufgefallen. Von unten sieht er aus wie ein verwunschener Prinz. Vielleicht ist er verzaubert worden und muss nun hundert Jahre auf der Tanne bleiben. Oje! Wahrscheinlich wohnt eine böse Hexe im Schornstein und will nicht, dass jemand höher klettern kann als sie. Anna ist, als hätte man ihr einen Eimer Tannennadeln ins T-Shirt gekippt. Plötzlich pikt und kribbelt alles und ihr Herz klopft ganz laut. Im Nu dreht sie sich um, rennt, stolpert, weil sie noch ganz steif ist, vom Hochgucken.

»Mama! Mama!«, ruft sie und läuft zum Haus. Aber Mama ist nicht da. Tränen verschleiern ihre Augen. Sie sieht ihre Mutter bei der Nachbarin im Vorgarten. »Mama! Der Timo ist festgezaubert, komm schnell!«

Mama und die Nachbarin hören auf zu reden und lachen sie an. Aber als Anna näherkommt, hören sie auf zu lachen.

»Was ist los?«, fragt Mama.

»Der Timo …« Anna muss schlucken und kriegt kaum Luft.

»Ganz ruhig«, sagt Mama und kniet sich vor Anna. Dann kann sie es sagen: »Der Timo hockt auf dem Baum und kann nicht mehr runter.«

»Auf welchem Baum?«

»Auf dem Tannenbaum.«

»Die hohe Tanne?«, fragt die Nachbarin. Ihr springt der Mund auf.

»Ach du meine Güte«, sagt Mama und schnappt sich Annas Hand. Zusammen laufen sie ums Haus, durch den Garten, zur Tanne. Da hockt Timo immer noch auf demselben Ast und rührt sich nicht. Anna sieht jetzt, dass er weint.

»Bleib ganz ruhig und halt dich fest«, ruft Mama hoch. Timo antwortet nicht.

»Er ist nicht verzaubert, er hat wahrscheinlich Höhenangst«, erklärt Mama Anna. »Ich kenne das. Die Angst lähmt ihn, deshalb kann er sich nicht bewegen. Bleib hier und rede ihm gut zu.«

Mama läuft mit der Nachbarin in den Schuppen. Zu zweit kommen sie mit der großen Leiter wieder raus.

»Ganz ruhig bleiben, Timo«, sagt Anna. »Gleich wirst du gerettet. Du bist nicht verzaubert. Du hast Höhenangst. Das ist nicht so schlimm wie Durchfall oder Zahnschmerzen.«

Mama und die Nachbarin versuchen, die Leiter an den Stamm der Tanne zu lehnen, aber die Zweige sind zu dicht, sie kommen nicht durch. Also stellen sie sie an die Hauswand. Mama klettert hoch. Die Nachbarin hält die Leiter fest. Anna beißt sich auf die Lippen. Auf der obersten Sprosse ist sie jetzt schräg gegenüber von Timo, wenn auch immer noch weit unter ihm. Aber von da aus kann sie ihn besser sehen und mit ihm reden. Anna spürt das sofort. Als sie Mamas beruhigende Worte hört, wird es auch in ihrem Bauch ruhiger.

»Fass den Zweig neben dir an«, sagt Mama. »Und jetzt nimmst du einen Fuß und stellst ihn auf einen unteren Zweig. – Und nicht nach unten gucken!«

Zuerst passiert gar nichts, weil Timo nur mit einem Fuß zuckt. Anna schaut auf den Schornstein. Keine Hexe in Sicht. Es sieht so aus, als klemmt was in Timo, so wie der alte Handrasenmäher von Oma manchmal klemmt, wenn ein dickes Grasbüschel zwischen die Schneideblätter gerät. Dann muss man ganz schön rucken, bis der Rasenmäher wieder in Gang kommt. Mama ruckt Timo mit ihren Worten locker. Endlich setzt er sich in Bewegung. Anna sieht, wie sein Fuß nach einem Zweig unter ihm tastet, dann, als er Halt hat, die Hände nachgreifen.

»Super!«, feuert Mama ihn an. »Und jetzt taste dich wieder mit einem Fuß weiter!«

Hand – Fuß – Hand – Fuß – Hand – Fuß – er soll keine Pause machen. Timos Hintern kommt näher und näher.

»Ja!«, ruft Anna und springt auf der Stelle, klatscht in die Hände. Da hangelt sich ihr Bruder vom letzten Ast. Als er neben ihr steht, hat er die Haare voller Tannennadeln, sein Gesicht ist schneeweiß und er zittert auch ein bisschen. Genau wie Nutella, als Papa sie gerettet hat. Mama nimmt ihn in die Arme und drückt ihn fest an sich.

»Alles klar, mein Großer?« Mama lacht ihn an. Anna schlingt ihre Arme um Timo und Mama.

Die Nachbarin schüttelt den Kopf. »Wenn du da runtergefallen wärst. Mein Gott, Junge! Du kannst doch nicht auf so eine hohe Tanne klettern. Das ist eine Weißtanne, da brechen die Zweige ganz schnell …«

»Ist ja schon gut«, sagt Mama. »Ist ja zum Glück alles gut gegangen. Ich nehme an, so schnell kletterst du nicht mehr auf so hohe Bäume, oder?«

Timo schüttelt den Kopf, holt tief Luft.

»Er hat Rehe gesehen«, sagt Anna. »Und die Kühe vom Bauer Bielke.« Sie guckt ihren Bruder an. »Sonst noch was?«

Timo löst sich aus der Umarmung. Seine Wangen sind jetzt rot. Er stupst Anna an. »Los«, sagt er. »Du stellst dich jetzt ins Tor!«

»Nö«, sagt Anna.

»Du hast es mir aber versprochen.«

»Nun mal langsam«, sagt Mama und schmunzelt. »Am besten, wir essen jetzt erst mal ein Eis nach dem Schreck. Und dann stelle ich mich ins Tor.«

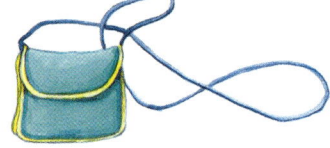

Toll gemacht!

von Mirjam Pressler

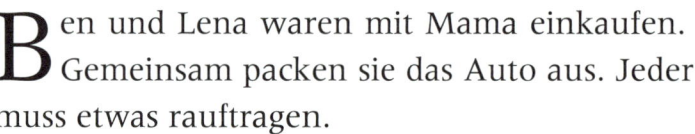

en und Lena waren mit Mama einkaufen. Gemeinsam packen sie das Auto aus. Jeder muss etwas rauftragen.

»Das Auto wird ja nie leer«, sagt Lena.

Da kommt Karin, das Nachbarskind, vorbei. »Hallo!«, sagt sie. »Soll ich euch helfen?«

Als sie endlich oben in der Küche sind, trinken sie Saft und räumen die Sachen auf. Lena stellt die Erdbeeren für den Kuchen auf den Tisch.

»Oma bringt uns bestimmt was mit«, sagt Ben und holt den Tortenboden aus der Tüte vom Bäcker.

»Bücher«, sagt Lena. »Oma bringt immer Bücher mit.«

Lena stellt die Milch in den Kühlschrank.

Da fasst sich Mama plötzlich an die Stirn. »Ich hab die Schlagsahne vergessen.« Sie schaut auf die Uhr. »Es ist viel zu spät. Ich kann jetzt nicht noch mal los. Oma kommt gleich!«

»Wir können doch die Sahne kaufen«, schlägt Lena vor.

»Nein«, sagt Mama. »Nicht alleine.«

»Wieso?«, fragt Lena. »Ich bin schon fast sechs! Und wir kennen den Weg.« Ben nickt. Mama zögert. »Ihr müsstet an der Ampel über die Straße …«

»Ich gehe noch in den Schreibwarenladen!«, sagt Karin. »Ich nehme die beiden mit!«

»Prima!«, sagt Mama und holt ihren Geldbeutel.

»Wo sollen wir die Sahne kaufen?«, fragt Ben. »Bei Herrn Jalik im Gemüseladen?«

Lena tippt sich an die Stirn. »Bei Herrn Jalik gibt's doch nur Obst

und Gemüse. Und Wein. Aber keine Sahne. Die kauft man im Supermarkt.«

»Aber daneben ist die Bäckerei. Und da gibt's Brezeln!«, sagt Ben.

»Gut«, sagt Mama. »Hier sind fünf Euro. Von dem Restgeld könnt ihr euch alle eine Brezel kaufen.«

Lena will das Geld in die Hosentasche stecken.

»Steck es lieber in deinen Geldbeutel!«, sagt Mama. »Und nimm deinen Rucksack mit.«

Lena zieht Ben zur Tür.

»Also bis gleich, Mama!« Und schon laufen die drei die Treppe hinunter.

»Die Sahne steht in der Kühltheke neben der Milch«, ruft Mama ihnen hinterher.

»Jahaaa!«, schreien Ben und Lena zurück.

An der Straße bleiben sie stehen und warten, bis die Ampel grün wird. Lena fühlt sich groß. Sie nimmt Bens Hand. Ganz fest! Aber vorsichtshalber gehen sie ganz dicht neben Karin über die Straße.

In der Fußgängerzone bleibt Ben vor der Bäckerei stehen.

»Die Brezel gibt's später«, sagt Lena. »Erst kaufen wir die Sahne.«

Lena zieht Ben weiter: vorbei am Zeitungsladen, an der Reinigung und der Drogerie. Dann sind sie am Supermarkt.

»Könnt ihr eure Sahne alleine kaufen?«, fragt Karin. »Ich gehe schnell in den Schreibwarenladen und hole euch dann gleich wieder ab.«

Die beiden nicken: »Okay!« Lena tastet nach ihrem Geldbeutel. Er ist noch da.

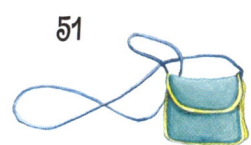

Als sie alleine im Supermarkt stehen, sieht alles auf einmal ganz fremd aus. So viele Leute sind hier! Viel mehr als sonst. Und es ist auch viel lauter. Ben schaut Lena an.

»Komm«, sagt er. »Wir können das.«

Lena blickt sich um. Sie sieht Sachen, die ihr nie zuvor aufgefallen sind: Flaschen, Waschmittel, Klopapier. Aber wo ist nur die Kühltheke mit der Milch?

Ben steht vor vielen großen Dosen, auf denen Hunde aufgemalt sind. Daneben hängen Hundeleinen.

»Wir haben keinen Hund«, sagt Lena. »Komm weiter!«

Plötzlich ruft Ben: »Da ist die Milch!«

Viele, viele Milchflaschen stehen in der Kühltheke. Und daneben Becher. Große und kleine.

»Das ist Joghurt«, sagt Ben.

Neben ihnen steht eine Frau mit ihrem Einkaufswagen. Lena zupft sie am Ärmel.

»Bitte«, sagt sie, »wo steht die Schlagsahne?«

Die Frau zeigt auf einen Becher: »Das ist Sahne!«

»Danke«, sagt Lena.

Stolz gehen Ben und Lena zur Kasse. Überall entdecken sie leckere Sachen.

»Cornflakes«, sagt Ben und zeigt auf ein Regal, »mit Schoko!«

»Wir sollen nur Sahne kaufen – und Brezeln«, erinnert ihn Lena. »Keine Cornflakes!«

An der Kasse müssen sie warten, bis ein Mann seine Sachen bezahlt hat. Lena stellt die Sahne auf das Band und hält der Kassiererin den Geldschein hin. Sie bekommt sieben Geldstücke zurück.

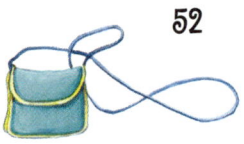

»Danke«, sagt Lena laut, und Ben sagt auch: »Danke.«
Lena packt die Sahne in ihren Rucksack.

Karin wartet schon draußen: »Na, hat alles geklappt?«

Die beiden nicken stolz. Dann laufen sie bis zum Bäcker. Lena kauft für Ben und Karin Brezeln. Das Wechselgeld steckt sie in ihren Geldbeutel. Lena will lieber einen Apfel vom Gemüsemann.

Herr Jalik freut sich, als die Kinder in den Gemüseladen kommen.

»Seid ihr ohne Mama unterwegs?«, fragt er Ben und Lena.

»Ja«, sagt Lena. »Wir haben Sahne gekauft.«

»Für den Erdbeerkuchen«, ruft Ben. »Wir haben doch vorhin Erdbeeren eingekauft. Der Kuchen ist für unsere Oma.«

Herr Jalik wischt den Apfel ab, bevor er ihn Lena gibt. Lena bezahlt.

Gerade wollen sie hinausgehen, da sagt Herr Jalik plötzlich: »Wartet mal!«

Aus einem Eimer mit Blumen nimmt er eine heraus. Eine schöne, große gelbe Blume.

»Hier, für eure Oma«, sagt er.

Wieder sagen Ben und Lena: »Danke!«

Sie gehen über die Straße zurück. Plötzlich hören sie jemanden rufen. Oma steht am Fenster und winkt. Ben rennt los: durch das Hoftor und die Treppe hinauf, so schnell, dass Lena ihm kaum folgen kann. Karin lacht.

»Tschüss, ihr beiden«, ruft sie ihnen hinterher.

Die Oma ist da. Endlich! Und der Erdbeerkuchen ist auch schon fertig. Nur die Schlagsahne fehlt noch. Ben und Lena packen stolz die Sahne aus.

»Das habt ihr toll gemacht«, sagt Mama.

Und Oma breitet die Arme aus.

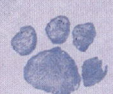
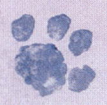

Rosa, Papa und die Sache mit dem Hund

von Martina Baumbach

Rosa lebt mit ihrem Papa in einem Wolkenkratzer hoch oben über der Stadt. Vielleicht sollte man besser sagen, sie wohnen hoch oben unter dem Himmel. Denn es kann schon mal vorkommen, dass oben vor ihren Fenstern schon wieder die Sonne scheint, während es unten vor dem Haus noch regnet, und umgekehrt.

Rosa und Papa haben es schön zusammen, sie haben alles, was sie brauchen, und sie unternehmen die tollsten Sachen. Rosa und Papa kennen viele Leute, denn außer ihnen wohnt fast die halbe Stadt im Wolkenkratzer. Doch am Sonntag sind sie am liebsten allein und gehen in den Park.

Neuerdings ist das mit dem Park allerdings so eine Sache. Sie waren seit drei Wochen nicht mehr dort, denn seit drei Wochen wohnt gleich neben dem Park, hinter dem langen weißen Zaun, Bruno – und vor Bruno hat Rosa Angst.

Nicht so eine kleine Angst wie vor Reis mit Pilzen oder kratzigen Wollstrumpfhosen. Oder so eine mittlere Angst wie vor selbst-bei-Leonie-anrufen-und-ihre-Mutter-ist-zuerst-am-Telefon. Auch nicht so eine große Angst wie vor dem Mitternachtsgespenst mit den roten Augen. Nein, vor Bruno hat Rosa eine riesenriesengroße Angst, dass einem das Blut in den Adern gefriert und man den Atem des Werwolfs hinter sich hört.

Auch vor allen anderen Hunden hat Rosa Angst. Doch um die haben Rosa und Papa bisher immer einen großen Bogen gemacht.

»So kann es nicht weitergehen«, sagt Rosa eines Tages.

»Was meinst du?«, fragt Papa.

»Ich will wieder in den Park«, antwortet Rosa. Dann nimmt sie Papa an die eine Hand und Tiffi, ihren Stoffhasen, an

die andere und sie machen sich auf den Weg.

Als sie am langen weißen Zaun neben dem Park ankommen, ist es wie damals, als sie Bruno zum ersten Mal begegneten: Bruno steht am Zaun. Er ist ziemlich groß und er ist ziemlich wild. Er wufft und er springt mit den Vorderpfoten in die Höhe. Er ist furchtbar zottelig und er hat viele, viele weiße Zähne.

»Gut, dass wir Tiffi dabeihaben«, sagt Rosa. »So wird Bruno nur Tiffi fressen und danach hat er genug und verschont uns.«

Papa lächelt und nimmt Rosa etwas fester an die Hand. Dann gehen sie auf der gegenüberliegenden Straßenseite zum Park. So weit weg von Bruno wie möglich. Mutig setzen sie einen Schritt vor den anderen, Rosa klopft das Herz bis zum Hals und zur Ablenkung fängt

sie an, bis zehn zu zählen. Dann sagt sie das ABC auf – so weit sie es kann – doch der Weg ist endlos.

»Der weiße Zaun ist wirklich lang«, sagt Rosa.

»Ja, Bruno hat einen großen Garten«, sagt Papa.

»Da hat er es gut, nicht wahr?«, fragt Rosa.

Papa nickt und schließlich sind sie dann doch am Ende des Zauns und am Park angekommen. Und es ist nichts geschehen. Sogar Tiffi ist verschont geblieben – zum Glück – und Bruno hat nur ein kleines bisschen gewufft. Später, auf dem Rückweg, machen sie es ganz genauso.

Am nächsten Sonntag wollen Rosa und Papa wieder zum Park. Diesmal ohne Tiffi, denn Tiffi hat genug vom Park und bleibt lieber zu Hause. Rosa und Papa sausen mit dem Aufzug ins Erdgeschoss hinab und spazieren durch die Eingangstür vors Haus. Da bleibt Rosa plötzlich stehen.

»Huh«, sagt Rosa. »Siehst du den schlimmen Hund dort drüben?« Sie deutet auf ein blaues Gebilde am Wegrand, das tatsächlich ein wenig wie ein Hund aussieht.

»Er ist mindestens doppelt so groß wie Bruno … und doppelt so wild und zottelig … und sieh dir nur seine Zähne an«, flüstert Rosa, während sie ein Stück hinter Papas Beine schlüpft.

Papa kneift die Augen zusammen und betrachtet den Hund. Und hätte er nicht genauso viel Fantasie wie Rosa, würde er wohl sagen, dass es bloß ein liegen gebliebener Müllsack ist. Doch stattdessen

sagt er ernst: »Oh, ja«, und schnalzt beeindruckt mit der Zunge. »Das ist wirklich der größte Hund, den ich je gesehen habe.«

Rosa nickt zufrieden. »Komm doch, wenn du dich traust!«, ruft sie dem Müllsack zu und spürt dabei ein herrliches Kribbeln in ihren Beinen. »Damit ich dich mal streicheln kann!«

Rosa und Papa warten, doch nichts passiert.

»Es ist ein schüchterner Hund«, sagt Papa.

»Ja«, sagt Rosa. »Gehen wir einfach leise vorbei.«

Ein paar Tage später, als Rosa wie immer mit einem Gutenmorgenkuss von Papa geweckt wird, erlebt Papa eine Überraschung. Denn Rosa springt kichernd auf.

»Na, warte!«, ruft sie und ihre Augen blitzen dabei. »Was bist du für ein frecher Hund? Schlabberst mir einfach mit deiner Zunge über die Nase.« Sie wuschelt dem Papa-Hund durchs Fell und bevor er sich's versieht, jagt sie ihn auch schon juchzend durch den Flur, bis in die Küche und ins Wohnzimmer und zurück.

Als beide nach einer Weile erschöpft auf dem Teppich im Kinderzimmer liegen, kuschelt Rosa sich gemütlich in Papas Arm.

»Du bist ein lieber Hund«, sagt sie. »Nicht wahr?«

»Grrrr …«, knurrt Papa und Rosa quiekt begeistert. Denn sie weiß, der Papa-Hund wird ihr ganz sicher nichts tun.

Am nächsten Tag beschließt Rosa: »Ich bin jetzt ein Hund!«, und schon hockt sie auf allen vieren auf dem Küchenboden.

Papa nickt, als wüsste er das längt. »Mein lieber Rosa-Hund«, sagt er. »Bestimmt hast du Hunger.«

»Wuff«, sagt Rosa und Papa stellt Rosa ein Schüsselchen mit Cornflakes auf den Boden, das sie sofort bis auf das letzte Krümelchen leer schleckt.

»Wuff, jetzt darfst du mich streicheln«, sagt Rosa.

»Das ist nett von dir«, sagt Papa und krault Rosa sanft den Rücken. So, als wüsste er genau, was Rosa-Hunde mögen.

»Kannst du mir auch ein Bällchen werfen?«, fragt Rosa dann.

»Mein Hund möchte spielen?«, fragt Papa und gleich darauf wirft er Bällchen und Stöckchen und Rosa wirbelt über den Boden hinterher und packt die Bällchen und Stöckchen mit ihren Zähnen. Wie ein echter großer und wilder und zotteliger Hund.

Doch irgendwann werden alle wilden Hunde müde und Papa legt Rosa ein Deckenlager zum Ausruhen aufs Sofa. Wo der Rosa-Hund auch tatsächlich im Nullkommanichts mit einem Lächeln im Gesicht einschläft.

Als es wieder einmal Sonntag ist, wollen Papa und Rosa nicht mehr auf der gegenüberliegenden Straßenseite, sondern direkt an Brunos

Zaun zum Park gehen. Hand in Hand, das ist beschlossene Sache, so haben sie es ausgemacht.

Und Bruno wartet schon. Groß und wild und furchtbar zottelig und mit vielen weißen Zähnen steht er hinter dem weißen Zaun. Er wufft und springt mit den Vorderpfoten in die Höhe.

Rosa schluckt. »Jetzt ist es so weit«, flüstert sie und dann fassen sich Rosa und Papa bei den Händen. Sie sehen sich in die Augen und nicken sich zu. Sie atmen einmal tief durch und schon geht es los. Blitzschnell rennen sie an Bruno vorbei, der sich auf seiner Seite des Zauns nur wundern kann. Rosas Füße fliegen über den Boden, als würde der Wind sie tragen. Mit angehaltenem Atem laufen Rosa und Papa an hundert weißen Zaunlatten vorbei, bis zum Ende und zum Parkeingang.

Da hören sie auf einmal eine Stimme durch den Garten rufen: »Komm ins Haus, Putzi!«

Und Bruno wedelt freudig mit dem Schwanz und trabt los.

Papa und Rosa sehen ihm verblüfft nach.

»Und ich dachte, er heißt Bruno«, murmelt Rosa schließlich.

Papa nickt. »Aber Putzi passt auch gut zu ihm«, sagt er.

»Ja«, sagt Rosa und ein Grinsen macht sich über ihrem Gesicht breit. »Sogar viel besser, finde ich!«

Dann spazieren sie mit roten Wangen und furchtbar stolz einmal quer durch den Park, sodass es jeder sehen kann. Und seit diesem Tag hat Rosa – und Papa natürlich auch – vor überhaupt gar nichts mehr Angst.

Zumindest fast, denn als Papa Rosa abends oben im Wolkenkratzer hoch über der Stadt ins Bett bringt und eben das Licht löschen will, sieht Rosa ihn grinsend an.

»Ich kann auf keinen Fall schon schlafen«, wispert sie.

»Nanu, warum denn nicht?«, fragt Papa.

»Nun, weißt du«, antwortet Rosa geheimnisvoll. »Ich habe einen fürchterlichen Drachen unterm Bett.«

Der Wutanfall

von Erwin Grosche

Timmi Lehmann konnte wütend werden wie ein wilder Löwe. Wenn etwas nicht so war, wie er wollte, bekam er einen roten Kopf und stampfte mit beiden Füßen auf den Boden.

Er schrie dann »Oh«, er sprang dann hoch, und klatschte in die Hände.
Er reckte sich, er streckte sich und heulte ohne Ende.
Er schimpfte laut, er suchte Streit und runzelte die Stirne.
Er hielt die Luft an, bis man sah 'ne richtig rote Birne.
Man dachte erst, er hätt 'nen Knall, dabei war's nur ein Wutanfall.

Einmal wollten Carla, Louis, Ben und Marco mit Timmi Lehmann Fußball spielen.

»Hast du Lust mit uns Fußball zu spielen?«, fragte Carla.

Timmi schaute Carla gar nicht an, sondern murmelte nur: »Fußballspielen ist langweilig.«

»Was spielst du denn gerne?«, fragte Carla, aber Timmi zuckte nur mit den Schultern und verdrehte die Augen.

Also spielten Carla, Louis, Ben und Marco ohne Timmi Lehmann Fußball. Immer wenn sie zu Timmi schauten, winkten sie, aber er winkte nicht zurück.

»Nie lasst ihr mich mitspielen«, murmelte er stattdessen. Aber das stimmte ja gar nicht.

Einmal sprang der Ball zu Timmi. Er lag auf der Wiese und schaute in den Himmel, als der Ball zu ihm herüberrollte. Er hätte ihn einfach herüberschießen können, aber Timmi nahm den Ball in seine Arme und lief damit fort.

»Timmi, mach keinen Quatsch!«, rief Carla.

Alle liefen hinter Timmi Lehmann her und riefen: »Timmi gib den Ball her, Timmi gib den Ball her.« Als die Kinder Timmi endlich eingeholt hatten, wollte er den Ball nicht rausrücken. Carla

gab nicht auf. Sie sagte ganz höflich »Komm Timmi, gib uns den Ball wieder!« Da ging es los. Timmi wurde wütend wie ein wilder Löwe, bekam einen roten Kopf und stampfte mit beiden Füßen auf den Boden:

Er schrie dann »Oh«, er sprang dann hoch, und klatschte in die Hände.
Er reckte sich, er streckte sich und heulte ohne Ende.
Er schimpfte laut, er suchte Streit und runzelte die Stirne.
Er hielt die Luft an, bis man sah 'ne richtig rote Birne.
Man dachte erst, er hätt 'nen Knall, dabei war's nur ein Wutanfall.

In dem Augenblick kam Herr Lehmann, Timmis Vater, vorbei und fragte, ob alles in Ordnung wäre. Die Kinder nickten, aber Herr

Lehmann sah nur, dass sie Timmi den Ball wegnehmen wollten. Da half kein Bitten und Erklären. Herr Lehmann glaubte den Kindern nicht.

»Das ist nicht nett von euch«, sagte Herr Lehmann. »Überlegt mal lieber, ob es ein Spiel gibt, das ihr mit Timmi zusammen spielen könnt.«

Carla ging mit Timmi Lehmann nach Hause. Er hatte auf sie gewartet, weil sie in der gleichen Straße wohnten. Carla fragte ihn, warum er so einen Wutanfall bekommen hätte. Timmi sagte nur: »Wenn ich nicht so wütend geworden wäre, hättet ihr mich doch gar nicht beachtet.«

»So ein Quatsch«, sagte Carla zu ihm. »Wenn du uns vorher gesagt hättest, was du gerne spielst, dann hätten wir alles anders gemacht.«

Am nächsten Tag wollte Carla mit Timmi Lehmann schwimmen gehen. Er hatte keine Lust zum Schwimmen. Er sagte: »Schwimmen ist doch langweilig.«

Er ging dann doch mit, aber nur, weil Louis, Ben und Marco auch schwimmen gehen wollten. Alle Kinder gingen ins Wasser, nur Timmi stand am Rand und fror wie ein Schneider. Er war ganz weiß und hatte eine lustige Badehose an. Er sagte, diese Badehose hätten schon seine drei Brüder getragen und man könnte nicht damit ins Wasser springen, weil der Gummizug ausgeleiert wäre. Wenn er mit dieser Badehose ins Wasser springen würde, dann hätte er bald keine mehr an. Carla, Louis, Ben und Marco spielten also alleine im Wasser und warfen sich einen Ball zu. Einmal sprang der Wasserball über den Beckenrand und rollte auf die Liegewiese. Die Kinder riefen: »Timmi, wirf den Ball ins Wasser«, aber er nahm den Ball mit einer Hand, hielt sich mit der anderen Hand die Badehose fest, und lief fort.

»Mach keinen Quatsch«, rief Carla.

Alle Kinder krabbelten aus dem Wasser und liefen hinter Timmi Lehmann her. Carla rief: »Timmi gib den Ball her, Timmi gib den Ball her!« Als die Kinder endlich Timmi eingeholt hatten, wollte er

den Ball nicht hergeben. Carla gab nicht auf. Sie sagte ganz höflich »Komm Timmi, gib uns bitte den Ball wieder«, da ging es los. Timmi wurde wütend wie ein wilder Löwe, bekam einen roten Kopf und stampfte mit beiden Füßen auf den Boden.

Er schrie dann »Oh«, er sprang dann hoch, und klatschte in die Hände.
Er reckte sich, er streckte sich und heulte ohne Ende.
Er schimpfte laut, er suchte Streit und runzelte die Stirne.
Er hielt die Luft an, bis man sah 'ne richtig rote Birne.
Man dachte erst, er hätt 'nen Knall, dabei war's nur ein Wutanfall.

In dem Augenblick kam der Bademeister aus seinem Bademeisterhäuschen und sah nur, wie Carla, Louis, Ben und Marco dem armen Timmi den Ball wegnehmen wollten. Da half kein Bitten und Erklären. Der Bademeister glaubte den Kindern nicht.

»Schämt euch«, sagte der Bademeister. »Überlegt mal lieber, ob es ein Spiel gibt, das ihr mit Timmi spielen könnt.«

Carla ging mit Timmi Lehmann nach Hause. Er hatte wieder auf sie gewartet, weil sie doch in der gleichen Straße wohnten. Carla wollte es wissen. Wieder fragte sie Timmi, warum er so einen Wutanfall bekommen hätte. Timmi sagte: »Wenn ich nicht so wütend geworden wäre, dann hättet ihr mich doch gar nicht beachtet.«

»So ein Quatsch«, sagte Carla zu ihm. »Wenn du uns vorher gesagt hättest, was du gerne spielst, dann hätten wir alles anders gemacht.«

Eines Tages hatte Timmi Lehmann Geburtstag. Er lud Carla, Louis, Ben und Marco zu seinem Fest ein. Alle Kinder waren überrascht, dass Timmi Geburtstag feiern nicht »langweilig« fand. Die Kinder schenkten Timmi ein Murmelspiel. Als Timmi den Beutel mit den

72

bunten Glasmurmeln sah, murmelte er nur: »Murmelspielen ist doch langweilig«, und freute sich gar nicht. Da hatte Carla eine Idee. Sie wollte Timmi Lehmann zeigen, wie viel Spaß es machte, gemeinsam zu spielen. Sie ging mit den anderen Kindern auf den Bürgersteig und sie kullerten sich die Murmeln zu, aber Timmi stand nur dabei und spielte nicht mit. Er schaute nur von links nach rechts und von rechts nach links, immer dahin, wohin gerade eine Murmel rollte. Einmal kullerte eine Murmel direkt vor Timmis Füße und Carla hoffte darauf, dass Timmi die Murmel zurückrollen würde, aber er hob sie einfach auf und lief damit weg.

»Mach keinen Quatsch«, rief Carla wieder.

Alle Kinder liefen hinter Timmi Lehmann her. Sie riefen: »Timmi, roll die Murmel rüber, Timmi, roll die Murmel rüber«, aber Timmi drehte sich nur um und zeigte ihnen eine lange Nase. Als die Kinder Timmi endlich eingeholt hatten, wollte er die Murmel nicht herausrücken. Carla verdrehte die Augen. »Komm, Timmi, lass uns zusammen spielen.« Timmi wollte gerade wieder wütend werden wie ein Löwe, einen roten Kopf bekommen und mit beiden Füßen auf den Boden stampfen, als Carla rief: »Jetzt reicht es uns.« Carla, Louis, Ben und Marco schauten sich an und nickten. Sie hatten verstanden:

Sie schrien »Oh«, und sprangen hoch, und klatschten in die Hände.
Sie reckten sich, sie streckten sich und heulten ohne Ende.
Sie schimpften laut, sie suchten Streit und runzelten die Stirne.
Sie hielten Luft an, bis man sah 'ne richtig rote Birne.
Man dachte erst, sie ham 'nen Knall, dabei war's nur ein Wutanfall.

Natürlich dachten alle, dass Timmi nun einen richtigen Wutanfall bekommen würde, zumal auch seine Mutter aus der Küche

gelaufen kam und erstaunt von einem zum anderen schaute. Sie rief: »Was ist denn hier los? Ich dachte, ihr feiert Geburtstag.« Aber Timmi sagte ganz ruhig: »Mach dir keine Sorgen, Mama, meine Freunde zeigen mir gerade nur, wie es ist, wenn ich meinen berühmten Wutanfall bekomme.«

Timmis Mutter meinte nur noch, dass die Waffeln fertig gebacken wären, und verzog sich ganz schnell in die Küche.

»Und was spielst du außer Wutanfall noch gerne?«, fragte Carla Timmi.

Timmi lachte.

»Habt ihr das noch nicht gemerkt?«, sagte Timmi. »Ich spiele gerne Fangen.«

Dann lief Timmi Lehmann wieder weg und die anderen liefen hinterher. Das war ein Spaß.

Pferde im Weltall

von Bettina Obrecht

Fabio geht meistens ganz gerne in den Kindergarten. Da riecht es jeden Tag nach leckerem Essen, der Krach ist fantastisch und es liegen oft noch viel mehr Sachen auf dem Boden herum als in Fabios eigenem Zimmer.

Der Kindergarten hat allerdings einen ganz großen Nachteil: Er befindet sich leider nicht im Weltraum. Natürlich würde Fabio noch tausendmal lieber hingehen, wenn es ein echter Weltraumkindergarten wäre, von dem aus man Weltraumspaziergänge unternehmen könnte und wo es zu Mittag echte Astronautennahrung gäbe.

Fabios Eltern behaupten, dass es im Weltraum überhaupt keine Kindergärten gibt. Vielleicht sagen sie das nur so. Es kann sein, dass ihnen die Weltraumkindergärten einfach nur viel zu teuer sind.

Weil Fabio also leider in einen normalen, eher langweiligen Erdenkindergarten gehen muss, nimmt er wenigstens jeden Tag sein Raumschiff mit, dazu den Satelliten, den er aus einer weißen Styroporkugel und silbern bemalten Grillspießchen selbst gebastelt hat, die drei Astronautenpinguine und verschiedene andere Tiere, die dann die Außerirdischen spielen müssen.

Fabio hat im Kindergarten eine Freundin, die heißt Aliya. Sie findet Raumschiffe, außerirdische Kamele und Krokodile und Grillspießchen-Satelliten auch gut. Weil sie gut zeichnen kann, zeichnet sie manchmal einen fremden Planeten auf ein großes Blatt Papier,

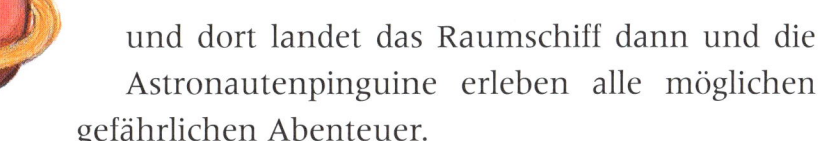

und dort landet das Raumschiff dann und die Astronautenpinguine erleben alle möglichen gefährlichen Abenteuer.

Die anderen Kinder lassen Fabio und Aliya in Ruhe spielen. Nur heute nicht. Heute setzt sich Lorena einfach so dicht neben den Papierplaneten, dass ihr Fuß in die Raumschifflandebahn hineinragt.

»Darf ich mitspielen?«, fragt sie.

Fabio und Aliya zucken mit den Schultern. »Okay«, sagt Aliya.

Lorena zögert, dann nimmt sie einen der Pinguine und lässt ihn über den verlassenen Planeten wandern. Aber sie hat keine Ahnung, wie man richtig spielt. Sie entdeckt keine gefährlichen Außerirdischen und keine rostigen Teile von abgestürzten Raumschiffen.

Stattdessen fragt sie nach einer Weile: »Gibt es auf dem Planeten eigentlich Pferde?«

Fabio schüttelt verächtlich den Kopf. »Nee.«

Lorena presst die Lippen zusammen und lässt den Pinguin weiterwandern. Aber er wandert einfach von seinem Planeten hinunter auf den blauen Linoleumboden.

»He«, sagt Aliya warnend. »Da ist doch schon der Weltraum. Da kannst du nicht weitergehen. Da ist gar keine Luft mehr.«

»Ach so«, sagt Lorena. Aber sie lässt den Pinguin nicht umkehren. Er steht einfach im Weltraum herum, als wäre es das Normalste auf der Welt.

»Gibt es auch Astronautenpferde?«, erkundigt sie sich vorsichtig.

Fabio tippt sich an die Stirn.

»Pferde passen doch gar nicht in ein Raumschiff«, stellt er fest.

»In mein Raumschiff schon«, behauptet Lorena.

»Du hast überhaupt kein Raumschiff!« Fabio setzt sich auf die Knie.

»Doch. Da steht es.« Lorena zeigt auf eine leere Stelle auf dem Linoleumboden.

»Du hast keins und es gibt hier keine Pferde«, erklärt Fabio ärgerlich. »Du kannst nicht richtig spielen.«

Und er nimmt Lorena den Pinguin einfach weg.

Lorena sitzt einen Moment lang da und sieht Aliya und Fabio beim Spielen zu. Dann steht sie auf und geht in die Bilderbuchecke. Sie nimmt sich ein Buch mit großen, bunten Pferdebildern aus dem Regal.

»Lorena findet Pferde eben gut«, erklärt Aliya.

Fabio zuckt mit den Schultern. »Ich finde Pferde auch gut. Nur keine Pferde im Weltraum.« Aber er kann Lorena den ganzen Vormittag über nicht mehr ansehen.

Am nächsten Morgen fragt Lorena schon wieder, ob sie mitspielen darf.

»Klar«, sagt Aliya, bevor Fabio ablehnen kann. »Du kannst mir helfen, Krater auf den Planeten zu malen.«

»Was sind denn Krater?«, fragt Lorena.

Aliya erklärt ihr, dass das Dellen im Planeten sind, die dort entstehen, wo ein Steinbrocken auf seine Oberfläche gefallen ist. Lorena hilft Aliya, viele runde Krater zu malen. Ihre Krater sind sogar noch ein bisschen runder als die von Aliya.

Lorena legt ihren Stift zur Seite und betrachtet den Planeten.

»Darf ich ihn grün anmalen?«, erkundigt sie sich.

»Warum grün?«, will Fabio wissen.

»Ich möchte, dass Gras auf dem Planeten wächst. Damit die Pferde darauf herumrennen können und etwas zu fressen finden.«

»Es gibt keine Pferde!«, schreit Fabio so laut, dass Daniela, die Erzieherin, streng herüberschaut.

»Sie wohnen in den Kratern«, erklärt Lorena. Sie tippt auf einen ihrer schönen, runden Kreise. »Das sind nämlich ihre Ställe.«

»Aber nur nachts«, ergänzt Aliya. »Wenn es dunkel ist. Tagsüber dürfen sie auf dem Planeten herumlaufen. Pferde müssen nämlich viel herumlaufen.«

»Der Planet ist aber nicht grün!«, schreit Fabio noch lauter. »Er ist nämlich orange oder rosa. Und kein Pferd kann rosa Gras fressen.«

»Doch, meine schon«, sagt Lorena geduldig. »Die finden rosa Gras sogar besonders …«

»Aber du spielst nicht mehr mit!«, brüllt Fabio.

»Du bist gemein«, stellt Aliya fest. »Dann spiele ich auch nicht mehr mit.«

Die beiden Mädchen stehen auf und lassen Fabio auf seinem Planeten alleine.

Zum Glück ist die Spielzeit sowieso gerade zu Ende. Daniela, die Erzieherin, klatscht in die Hände, und alle müssen ihre Sachen wegräumen. Aliya und Lorena könnten Fabio ruhig beim Aufräumen helfen, aber die sehen einfach nur zu, wie er seine Pinguine, die außerirdischen Tiere und das Raumschiff in seinen Rucksack stopft. Dann ziehen alle ihre Jacken an und gehen in den Garten. Fabio rennt gleich zur Rutschbahn, klettert hoch, rutscht, klettert wieder hoch, rutscht, und das macht er mindestens eine halbe Stunde lang, bis ihm ganz schwindlig ist. Lorena sitzt im Sandkasten und buddelt und Aliya spielt mit ein paar anderen Kindern irgendein komisches Fangspiel.

Nur gut, dass Mama Fabio heute gleich nach dem Mittagessen abholt! In diesem doofen Kindergarten kann man es ja gar nicht aushalten.

»Tschüs, Fabio!«, ruft Aliya ihm nach, aber er dreht sich nicht um.

Am nächsten Morgen überlegt Fabio, ob er sein Raumschiff mitnehmen soll oder nicht. Als er es in die Hand nimmt, fühlt es sich an, als würde es ein bisschen zittern, als ließe es die Düsen schon warmlaufen, weil es den Start gar nicht mehr abwarten kann. Da steckt er es doch ganz schnell wieder in den Rucksack.

Als Fabio in den Kindergarten kommt, sieht er sich nach Aliya um. Zuerst kann er sie nirgendwo entdecken. Aber dann hört er ihre Stimme aus der Ecke mit dem Bällchenbad.

Neben dem Bällchenbad knien Lorena und Aliya. Jede von ihnen hält ein großes Plastik-pferd in der Hand, das mit fröhlichem Gewie-her durch das Bällchenmeer schwimmt.

Fabio hat plötzlich einen so dicken Kloß im Hals, als hätte er versucht, eines der bunten Bällchen zu verschlucken. Er hängt seinen Rucksack an den Haken unter seine Jacke. Dann geht er zur Legoecke und fängt an, alle möglichen Steine zu einem Turm zusammenzustecken. Dabei möchte er überhaupt nichts bauen. Er möchte am liebsten überhaupt nicht da sein.

Da kommt Aliya herübergelaufen. »Willst du nicht mitspielen?«, fragt sie.

Aber Fabio schüttelt nur stumm den Kopf. Aliya wartet einen Moment lang, aber dann rennt sie wieder zurück zu Lorena. So ist das jetzt also. Aliya ist nicht mehr Fabios Freundin, sondern Lorenas Freundin. Und deswegen kann Fabio jetzt genauso gut schnell Astronaut werden und ins richtige Weltall davonfliegen. Hier unten vermisst ihn ja keiner.

Aber am nächsten Tag spielt Aliya wieder mit Fabio Weltall, als wäre nie etwas gewesen. Fabio ist ziemlich erleichtert, dass Aliya Pferde offenbar doch auch ziemlich doof findet, jedenfalls viel doofer als außerirdische Pinguine.

Aber am übernächsten Tag spielt Aliya wieder mit Lorena und ihren Pferden, so als würde sie sich nicht das kleinste bisschen für außerirdische Pinguine interessieren. Und da wird Fabio so wütend, dass er den Papierplaneten in kleine Stücke reißt und die durch den ganzen Raum wirft. Natürlich muss er alle Schnipsel einsammeln und in den Mülleimer werfen, da kennt Daniela keine Gnade, auch nicht, als sie sieht, dass Fabio weint.

Fabio hat ziemlich viele kleine Schnipsel gemacht und es macht ordentlich Arbeit, sie alle wieder einzusammeln.

Nur gut, dass zwei andere Kinder Fabio helfen. Es sind zwei Mädchen und sie heißen Aliya und Lorena.

»Hör doch auf zu weinen. Wir malen dir einen neuen Planeten«, bietet Aliya an. Aber Fabio schüttelt den Kopf.

»Die Pferde gehen gerade auf eine Astronautenschule«, erklärt Lorena. »Damit sie besser in Raumschiffen zurechtkommen.«

»Pff«, macht Fabio nur.

Aber er muss ein bisschen grinsen und das ärgert ihn noch mehr.

An diesem Tag packt er sein Raumschiff nicht mehr aus.

Er mag überhaupt nichts mehr machen. Er will einfach nur in der Ecke sitzen und schlechte Laune haben. Am liebsten möchte er sich die Ohren zuhalten, damit er nicht hört, wie fröhlich die anderen spielen. Fabio schließt die Augen und hält sich die Ohren zu. Und so sitzt er eine ganze Weile da und wäre am liebsten irgendwo in der Weite des Weltalls, wo ihn keiner kennt.

Da tippt etwas gegen sein Bein.

Als Fabio die Augen aufmacht, sieht er erst einmal nur eine weiße Fläche. Er blinzelt. Die weiße Fläche rückt ein bisschen weiter zurück. Er kann jetzt erkennen, dass es ein Bogen Papier ist, auf den jemand einen großen, fast runden Kreis gemalt hat, mit lauter kleinen, fast runden Kreisen drauf.

»Das ist unser neuer Planet«, erklärt Aliya.

»Er ist nicht grün«, ergänzt Lorena und tippt auf die kleinen Kreise. »Nur in den Kratern wächst Gras. Das reicht für so wenige Pferde.«

»Er ist natürlich auch nicht rosa«, fügt Aliya noch hinzu. »Das würde ja doof aussehen. Du könntest dir noch eine andere Farbe aussuchen.«

Fabio wischt sich mit den Händen über die Augen.

»Meine Planeten sind immer orange«, sagt er leise. »Knalleorange. Nicht etwa gelb. Sie sind ja keine Sonnen, sondern nur Planeten.«

»Gut!«, ruft Aliya. Sie breitet das Papier auf dem Boden aus. Lorena rennt in die Malecke. Als sie zurückkommt, hat sie drei orangefarbene Stifte dabei: eine Wachskreide, einen Buntstift und einen Filzstift.

»Welchen willst du?«, fragt sie Fabio.

Fabio zögert einen Moment lang, dann nimmt er den Buntstift.

Und dann malen sie den Planeten so an, dass er aussieht wie eine pralle reife Orange im Weltall. Eine Orange mit grünen Flecken allerdings. Aber die Astronautenpferde müssen ja auch irgendwas fressen.

Lotta kann fast alles

von Astrid Lindgren

M it mir ist es komisch«, sagte Lotta. »Ich kann so viel!«

Sie hatte gerade Jonas und Mia-Maria vorgemacht, wie gut sie pfeifen konnte, kein Wunder also, dass sie mit sich zufrieden war.

»Wenn ich so darüber nachdenke, kann ich eigentlich alles«, sagte sie.

»Haha, du kannst also alles«, sagte Mia-Maria. »Gib doch bloß nicht so an!«

Jonas überlegte ein Weilchen. »Slalom laufen, kannst du das?«

Das sagte er nur, weil er es selbst gerade lernte. Lotta wurde böse.

»Hab ich das denn gesagt? Dass ich Slalom kann?«

»Du hast doch gesagt, du kannst alles.«

»Kann ich ja auch«, sagte Lotta. »Alles außer Slalom.«

»Na klar doch«, sagte Jonas und dann nahmen er und Mia-Maria ihre Skier und gingen zu dem großen Skihügel, denn sie hatten Ferien bekommen und es gab viel Schnee.

Lotta wollte auch Ski laufen. Aber nicht auf dem großen Skihügel. Ich kann ja hier im Garten Slalom lernen, dachte sie. So unheimlich schwer kann das ja nicht sein. Zuerst fährt man in die eine Richtung und dann in die andere und die ganze Zeit über wedelt man mit dem Po. Mit dem Po wedeln kann ich überhaupt schon, dachte sie und probierte eine Zeit lang aus, wie gut sie es konnte. Doch bevor sie sich ernsthaft an das Slalomlaufen machte, wollte sie erst mal nachschauen, was Mama tat.

In dem gelben Haus in der Krachmacherstraße, wo sie wohnten, war Mama in der Küche bei der Weihnachtsbäckerei. Sie hetzte und wetzte und hatte es sehr eilig. Trotzdem freute sie sich, als Lotta kam.

»Lotta, lauf doch mal zu Tante Berg rüber und bring ihr einen Weihnachtsstollen«, sagte sie. »Und frag sie auch, ob du ihr sonst wie helfen kannst.«

Das wollte Lotta gern.

»Ja, denn das kann ich auch. Kranken Leuten helfen. Ich kann alles – fast alles!«

Tante Berg wohnte im Haus nebenan und es ging ihr gar nicht gut. Sie hatte so einen Druck auf der Brust und darum Atemnot, das wusste Lotta.

[…] Lotta schüttelte Tante Bergs Kissen auf, damit sie es richtig gemütlich hatte, und schnitt dicke Scheiben vom Stollen ab und

bestrich sie mit Butter und die musste Tante Berg essen, denn so was tut gut, wenn man Atem nötig hat, sagte Lotta. Sie spülte auch ein wenig Geschirr und fegte das Zimmer aus und war selber ganz verblüfft, wie gut sie alles konnte.

»Aber anstrengend ist das«, sagte Lotta. »Soll ich noch was für dich tun?«

»Ja, würdest du mir am Kiosk eine Zeitung kaufen?«, fragte Tante Berg.

Das wollte Lotta gern. »Die haben da unheimlich gute Bonbons«, verriet sie Tante Berg. »Und morgen ist Samstag und da ist ja unser Naschtag.«

Tante Berg gab ihr Geld für die Zeitung und außerdem kriegte Lotta eine ganze Krone dazu, weil sie Tante Berg so tüchtig geholfen hatte.

»Aber vorher muss ich schnell noch mal nach Haus«, sagte Lotta.

»Ich will mir nämlich den Weihnachtsbaum angucken, den Papa gekauft hat. Er wollte ihn in der Mittagspause mitbringen.«

Er wollte, ja! Aber Lotta kam gerade in dem Augenblick in die Küche, als Papa das Schreckliche erzählte.

»In der ganzen Stadt gibt es keinen einzigen Weihnachtsbaum mehr.«

Mama, die gerade beim Pfannkuchenbacken war, erstarrte.

»Keinen Weihnachtsbaum?«, fragte sie. »Was soll das heißen? Natürlich gibt es Weihnachtsbäume!«

Aber Papa sagte, das sei gerade das Schlimme. Alle Weihnachtsbäume seien ausverkauft gewesen, als er einen kaufen wollte.

Jonas und Mia-Maria und Lotta konnten es einfach nicht glauben.

»Aber wir müssen doch einen Weihnachtsbaum haben«, sagte Jonas.

»Du hättest ja wirklich früher einen kaufen können«, sagte Mia-Maria. »Warum hast du das denn nicht gemacht?«

Und da antwortete Papa, dass er den Weihnachtsbaum ja immer erst drei Tage vor dem Fest auf dem Markt kaufe und dass es dann stets massenhaft Tannen gebe. Nur weil in den Wäldern in diesem Jahr so viel Schnee lag, sei es wohl schwierig gewesen, genügend Tannen herbeizuschaffen. Auf dem Markt gebe es jedenfalls keine einzige mehr, wiederholte Papa, und er sei darüber wahrhaftig auch sehr traurig.

»Aber wir müssen doch einen Weihnachtsbaum haben«, sagte Jonas wieder.

»Tja, müssen!«, sagte Papa. »Ich kann schließlich nicht zaubern. Ich kann ja nicht alles.«

Da guckte Jonas Lotta an.

»Aber das kannst *du* doch«, sagte er. »Du kannst alles, hast du gesagt. Also dann besorg uns einen Weihnachtsbaum!«

»Das ist gemein von dir, Jonas«, sagte Mia-Maria. »Mach dir nichts draus, Lotta, er ist einfach ungerecht.«

»Ich mach mir ja auch nichts draus«, sagte Lotta eingeschnappt.

»So, jetzt wird gegessen«, sagte Mama.

Und dann saßen alle stumm da, aßen Pfannkuchen und waren sehr traurig. Weihnachten ohne Weihnachtsbaum, so etwas durfte es doch einfach nicht geben! Dann stand Papa auf, um zu seiner Arbeit zu gehen.

»Also, ich werde die ganze Stadt absuchen«, versprach er. »Und wenn es irgendwo auch nur noch einen einzigen Tannenbaum gibt, dann bring ich ihn euch. Aber wenn es nicht klappt, dann klappt es eben nicht.« Und damit ging er.

Jonas und Mia-Maria weinten und auch Lotta wollte gerade anfangen, ganz schrecklich zu weinen. Doch bevor sie losheulte, musste sie ja noch unbedingt zum Kiosk und für Tante Berg eine Zeitung kaufen, so wie sie es versprochen hatte.

»Du darfst mitkommen«, sagte sie zu Teddy. »Und wir nehmen den Rodelschlitten, damit wir in all diesem Elend wenigstens ein bisschen Spaß haben.«

Der Weg zum Kiosk führte fast die ganze Zeit bergab. »Aufgepasst!«, schrie Lotta, und los ging es!

Nur das letzte Stück musste sie den Schlitten ziehen, denn der Kiosk gehörte zur Tankstelle und die Tankstelle lag an der großen Landstraße, wo man nicht rodeln konnte. Die Tankstelle gehörte Herrn Blomgren und seine Frau stand im Kiosk.

»Guten Tag, kleine Lotta«, sagte Frau Blomgren. »Wie geht's dir denn?«

»Schlecht«, sagte Lotta. »Denn wir haben dieses Jahr keinen Weihnachtsbaum.«

»Das ist aber traurig«, sagte Frau Blomgren. »Ja, ich hab schon gehört, dass in der ganzen Stadt kein Weihnachtsbaum mehr aufzutreiben ist. Wirklich zu traurig!«

»Ja-a!«, seufzte Lotta. »Darum werde ich auch weinen, wenn ich nach Hause komme.«

Vorher kaufte sie die Zeitung für Tante Berg und dann überlegte sie lange, was für Bonbons sie nehmen sollte, Lakritzgummi oder Sahnebonbons oder Drops. So etwas lässt sich ja nicht im Handumdrehen entscheiden, man muss erst darüber nachdenken.

Und während Lotta noch nachdachte, passiertes etwas Seltsames.

Plötzlich kam ein großes Lastauto angerattert und hielt, um zu tanken. Und auf diesem Auto – es war wirklich kaum zu glauben – lagen turmhoch Tannenbäume gestapelt!

Als Lotta das sah, geriet sie ganz außer sich. Über Bonbons nachzudenken, dafür war jetzt keine Zeit mehr! Und was für ein Glück, dass sie die Krone noch nicht ausgegeben hatte, denn mehr konnte ein Weihnachtsbaum ja nicht kosten! Sie stürzte zum Fahrer, der noch beim Tanken war.

»Kann ich bei dir einen Weihnachtsbaum kaufen?«, fragte sie aufgeregt.

Der Mann guckte sie nicht einmal an. »Nein, kannst du nicht«, sagte er brummig.

»Warum denn nicht?«, fragte Lotta.

»Weil die Tannenbäume nach Stockholm gehen, alle«, sagte der Fahrer.

»Warum denn alle?«, fragte Lotta.

»Warum denn, warum denn! Weil sie dort keine Tannen haben.«

»Wir doch auch nicht«, sagte Lotta.

»Ja, aber in Stockholm zahlen sie einem jeden Preis dafür. Also verdufte«, sagte der Fahrer und ging zu Herrn Blomgren hinein um sein Benzin zu bezahlen.

Lotta lief ihm nach.

»Ich zahle auch jeden Preis«, rief sie fast weinend. »Wenn ich dir eine Krone gebe, krieg ich dann wenigstens einen kleinen?«

»Ja, denkst du! Verdufte, habe ich gesagt«, wiederholte der Mann, dem es nicht passte, dass Lotta ihm quengelnd um die Beine herumwuselte. Und weil er jetzt fertig war, ging er schnurstracks zum Lastwagen um abzufahren. Lotta lief ihm nach.

»Bitte, bitte!«, schrie sie und hielt ihm die Krone hin.

»Tschüs, du Dummerchen«, sagte der Fahrer nur und knallte die Autotür zu.

Dann fuhr er ab. Und da weinte Lotta.

Jetzt konnte sie damit nicht mehr warten, bis sie zu Hause war. Dass es so was Schreckliches überhaupt geben konnte! Da fuhr ein ganzes Lastauto voller Weihnachtsbäume und sie hatte keinen einzigen abgekriegt, nicht mal einen klitzekleinen. Oh, wie sie diesen

Fahrer hasste! Erbost starrte sie hinter ihm her. Er musste einen großen Bogen fahren um auf die Landstraße zu kommen und wie schnell er die Kurve nahm, unerhört! So durfte man nicht fahren, das wusste sogar Lotta.

Und da geschah etwas noch Seltsameres. Als der Lastwagen donnernd in die Kurve ging, fiel eine Tanne vom Stapel und blieb am Straßenrand liegen.

»Du hast eine Tanne verloren«, schrie Lotta, denn hilfsbereit war sie immer. Aber der Fahrer sah und hörte nichts, er fuhr einfach weiter. Und da stand Lotta und sah die roten Rücklichter des Autos allmählich verschwinden.

Gerade in dem Augenblick kam Herr Blomgren heraus.

»Guck mal, da liegt ein Tannenbaum«, sagte Lotta. »Und den brauch ich. Glaubst du, dass ich ihn mir nehmen kann?«

»Tja, warum nicht«, sagte Herr Blomgren. »Dort kann er sowieso nicht liegen bleiben. Also ist es nur gut, wenn du ihn wegschaffst.«

»Nein, gibt's denn so was!«, rief Frau Blomgren jetzt aus ihrem Kiosk. »So ein Glück kannst auch nur du haben, Lotta!«

»Aber wenn der Fahrer nun wiederkommt?«, fragte Lotta ängstlich.

»Dann hat er eben Pech gehabt«, sagte Herr Blomgren. »Er ist ja selber schuld, schließlich braucht er ja nicht so zu rasen, dass die Bäume herunterpurzeln.«

Lotta dachte nach.

»Ich will dir doch lieber meine Krone hier lassen. Gibst du sie ihm, falls er wiederkommt?«

»Klar, mach ich«, sagte Herr Blomgren. »Und wenn er nichts von

sich hören lässt, dann holst du dir deine Krone nach Weihnachten wieder ab.«

Es war eine große, schöne Tanne. Viel zu groß für Lotta. Aber Herr Blomgren half ihr. Er legte die Tanne auf den Schlitten und band sie mit einer Schnur fest. Dann setzte Lotta ihren Teddy zwischen die Zweige.

»So fein bist du noch nie gefahren«, sagte sie. »Vielen Dank und tschüs!«, rief sie noch, als sie ging. Dann zog sie mit ihrem Schlitten los, die ganze Krachmacherstraße entlang. Und dabei pfiff sie.

»Nicht zu fassen, wie gut ich pfeifen kann«, sagte sie zu Teddy.

Als Lotta zu Hause in die Küche kam, tat sie ziemlich geheimnisvoll und benahm sich auch sonst ein bisschen sonderbar. Aber keiner merkte es. Denn Jonas und Mia-Maria saßen noch immer da und weinten und Mama versuchte sie zu trösten. Keiner guckte Lotta auch nur an.

»Wieso heult ihr denn?«, fragte Lotta.

»Papa hat angerufen«, sagte Mama. »Und er hat alles, aber auch alles versucht, aber in der ganzen Stadt gibt es keinen einzigen Weihnachtsbaum mehr.«

»Find ich ja komisch«, sagte Lotta. »Kommt doch mal raus und guckt, was ich auf meinem Schlitten habe!«

Aber Jonas und Mia-Maria schluchzten und weinten und hörten Lotta gar nicht zu.

»Was soll das bloß für ein Heiligabend werden!«, jammerte Mia-Maria.

»Ohne Weihnachtsbaum!«

»Kommt doch mal raus und guckt, was ich auf meinem Schlitten hab«, sagte Lotta wieder.

»Sei doch still!«, sagte Jonas. »Wir haben keine Lust uns was anzugucken, wenn wir weinen.«

»Dann eben nicht«, sagte Lotta. »Sonst hättet ihr einen Weihnachtsbaum sehen können.«

Da kam Leben in Jonas und Mia-Maria. »Einen Weihnachtsbaum? Ach, du flunkerst uns ja wieder was vor«, sagte Mia-Maria.

Trotzdem schossen die beiden zur Tür hinaus und Mama ging hinterher. Draußen vor der Küchentür stand Lottas Schlitten. Mit dem schönsten Tannenbaum, den man sich nur vorstellen konnte. Und mittendrin saß Teddy und sah aus, als hätte er die Fuhre ganz allein hergefahren.

Jonas und Mia-Maria rissen nur die Augen auf. Und Mama sagte: »Ja, aber Lotta, wo hast du den denn her?«

»Rat mal?«, sagte Lotta.

Und da stürzte Jonas auf Lotta zu und umarmte und küsste sie.

»Du hast recht gehabt! Du kannst ja wirklich alles!«, rief er.

»Ja, hab ich doch gesagt«, sagte Lotta.

Am Tag vor Heiligabend wurde im gelben Haus in der Krachmacherstraße der Tannenbaum geschmückt. Alle halfen dabei, Papa und Mama und Jonas und Mia-Maria und Lotta. Und Lotta musste zum zehnten Mal vom Lastauto und dem Fahrer und überhaupt die ganze Geschichte erzählen.

»Einen so schönen Weihnachtsbaum haben wir noch nie gehabt«, sagte Mia-Maria.

»Seht doch bloß mal die schönen dichten Nadeln!«

»Und wie gut er riecht!«, sagte Jonas.

»Lotta«, sagte Mama, »das werden wir bestimmt nie vergessen. Wie du uns einen Weihnachtsbaum besorgt hast.«

»Ja, an die Lotta-Tanne werden wir uns noch erinnern, wenn wir alle anderen Weihnachtsbäume längst vergessen haben«, sagte Papa.

Lotta sagte nichts. Sie dachte nach.

Mit mir ist es komisch, dachte sie. Ich kann so viel. Weihnachtsbäume besorgen und alles Mögliche. Ja, ich kann tatsächlich alles!

Dann guckte sie liebevoll den Teddy an, der auf seinen krummen Beinchen unter der Tanne stand.

»Na ja«, sagte sie, »das ist klar, Slalom nicht!«

Der ungläubige Thomas

von Erwin Grosche

Thomas war schlecht gelaunt. Er sollte sein Zimmer aufräumen. Das war nichts Neues. Er sollte jeden Montag sein Zimmer aufräumen, aber es machte ihm keinen Spaß. Er saß mit seinem Vater in der Küche und machte ein langes Gesicht.

»Du weißt, dass ich dich lieb habe«, sagte sein Vater, »aber aufgeräumt wird trotzdem.«

Thomas schaute seinen Vater an und zog die Nase hoch. Er stellte sich Liebe anders vor.

»Ich glaub das nicht, ich seh das nicht. Das kann doch gar nicht sein. Ich glaub das nicht, ich seh das nicht, ich sage einfach Nein.«

Sein Vater schüttelte den Kopf. Wie konnte Thomas nur so dickköpfig sein.

»Und wer geht immer mit dir zum Fußballspielen?«, fragte er. »Wer holt dich vom Klavierunterricht ab und wer hat, als du Geburtstag hattest, die ganzen Waffeln gebacken?«

Thomas nickte. Da war was dran. Das konnte Liebe sein.

»Und trotzdem wirst du heute dein Zimmer aufräumen«, sagte sein Vater. »Sieh das ein.«

Thomas lief auf sein Zimmer. Wie so oft war er überzeugt, dass jeder ihn nur ärgern wollte. Er lag angezogen in seinem Bett und wollte nicht aufstehen. »Keiner mag mich«, murmelte er. »Alle schubsen mich herum und lachen mich aus.«

Es klopfte. Seine Mutter kam ins Zimmer und setzte sich auf sein Bett.

»Was ist denn, Thomas?«, fragte sie und drückte seine Hand.

Thomas zog seine Hand aus ihrer Hand und sagte: »Keiner mag mich. Alle lachen mich aus. Ich bin es leid.«

Da schüttelte seine Mutter ihren Kopf. »Du bist mein Schatz«,

sagte sie. »Das weißt du doch? Und trotzdem wirst du heute dein Zimmer aufräumen.«

Thomas schaute seine Mutter an und zog die Nase hoch. Er stellte sich das anders vor, wenn man jemandes Schatz war.

»Ich glaub das nicht, ich seh das nicht. Das kann doch gar nicht sein. Ich glaub das nicht, ich seh das nicht, ich sage einfach Nein.«

Seine Mutter schüttelte ihren Kopf. Wie konnte man nur so dickköpfig sein.

»Und wer weckt dich jeden Morgen mit einem Kuss?«, fragte sie. »Wer kocht dir alle deine Lieblingsgerichte und wer weiß genau, wie er dich zum Lachen bringen kann?«

Dann kitzelte sie ihn so wild, bis Thomas lachend aus dem Bett fiel.

Thomas nickte. Da war was dran. So was tut man nur für seinen Schatz.

»Und trotzdem wirst du heute dein Zimmer aufräumen«, sagte seine Mutter. »Sieh das ein.«

Thomas war wütend. Er wollte sein Zimmer nicht aufräumen. Dort sah es aus, als hätten vierzig Monster eine Party gefeiert.

»Ich finde Zimmeraufräumen bescheuert«, murmelte er. »In einer Woche sieht es dort wieder ganz genauso aus.«

Plötzlich stand Inka in seinem Zimmer. Er hatte sie gar nicht kommen gehört. Inka war die Freundin von Thomas. Manchmal kam sie einfach vorbei und besuchte ihn. Sie hatte Schokolade dabei.

»Wie siehst du denn aus?«, fragte sie.

»Ich habe schlechte Laune«, sagte Thomas. »Alle ärgern mich und immer soll ich mein Zimmer aufräumen. Keiner hat mich gern.«

Inka schüttelte den Kopf.

»Ich habe dich gern«, sagte sie. »Du bist mein Freund.«

Thomas verdrehte die Augen. Das hatte ihm noch gefehlt. Damit konnte er jetzt gar nichts anfangen.

»Ich glaub das nicht, ich seh das nicht. Das kann doch gar nicht sein. Ich glaub das nicht, ich seh das nicht, ich sage einfach Nein.«

Inka lachte. Wie konnte man nur so dickköpfig sein.

»Wer besucht dich dreimal die Woche?«, fragte sie. »Wer bringt dir immer Schokolade mit und hilft dir sogar beim Zimmeraufräumen?«

Thomas nickte. Da war was dran. So was tut man nur, wenn man befreundet ist.

Sie räumten das Zimmer auf. Thomas wusste auf einmal, dass er geliebt wurde und jemandes Schatz war und eine ganz tolle Freundin hatte. »Ich glaube euch«, murmelte Thomas, aber das hatte er im Grunde schon immer getan.

Carlotta und der Wobber

von Martina Baumbach

Diese Ferien sind wie verhext. Carlottas Freunde sind alle verreist und aus ihrer Familie hat niemand Zeit. Carlotta ist langweilig. Und zwar so richtig furchtbar langweilig. Dabei hat sie schon alleine eine Stunde mit dem Piratenschiff gespielt, zwei Bilderbücher angesehen, drei Sandkuchen gebacken und vier Blumen aus dem Garten gepflückt. Trotzdem ist es gerade erst mal zwei Uhr nachmittags! Wenn es so weitergeht, wird Carlotta bis zum Abend bestimmt vor lauter Langeweile grau und schrumpelig sein.

Doch als Carlotta eben vor lauter Sterbenslangeweile ihrer Puppe mit der Bastelschere einen Pony schneiden will, hat sie plötzlich eine fabelhafte Idee. Und schon zischt und sirrt und brodelt und flirrt es vor Carlotta. Bunte Funken sprühen durch den Raum und zipp-zippe-dipp schwebt ein Wesen wie eine dicke knubbelige Kartoffel neben Carlotta über dem Boden.

»Ich bin's, der Wobber«, sagt die Kartoffel und rudert mit ihren kurzen Armen hin und her. »Du hast mich gerufen?«

»Äh, ich …?«, stottert Carlotta.

»Na, wer denn sonst?«, entgegnet der Wobber. »Du hast Glück, ab jetzt wird dir nicht mehr langweilig sein.«

Carlotta blinzelt. »Nicht mehr langweilig«, wiederholt sie.

Der Wobber nickt zufrieden.

»Ist das gut oder schlecht?«, fragt Carlotta vorsichtig, denn auf einmal hat sie eine ungute Vorahnung.

»Gut für mich – schlecht für dich!«, trompetet der Wobber.

Augenblicklich ist Carlotta hellwach. Sie weiß ganz genau, was jetzt kommt. Mit Wesen wie dem Wobber kennt sie sich aus. Und schon beginnt der Wobber ein Stück nach dem anderen aus Carlottas Regal zu wirbeln. Bücher, CDs, Kuscheltiere, Glasmurmeln, die Eisenbahn und die Bauernhoftiere. Dann fegt der Wobber die Bilder von den Wänden, die donnernd auf dem Teppich landen, und danach segelt Carlottas Kopfkissen in hohem Bogen aus dem offenen Fenster.

»Räum das wieder auf!«, ruft Carlotta empört.

Der Wobber schüttelt den Kopf, dass ihm seine Schlappohren wie Propeller um den Kopf sausen. »Wobber räumen niemals auf«, kräht er.

Natürlich nicht, das hat sich Carlotta schon gedacht. Er wird das komplette Haus auf den Kopf stellen, wenn sie jetzt nicht sofort was dagegen unternimmt. Doch so ganz allein ist das kaum zu schaffen … fast unmöglich. Carlotta überlegt … allerdings … wenn die anderen mithelfen … sie nickt heftig. Ja, genau, sie muss unbedingt die anderen zu Hilfe holen. Mama, Robert, Tommi, Vivi und Oma. Jetzt können sie nicht mehr einfach so sagen, sie hätten keine Zeit – schließlich handelt es sich hier um einen Wobber-Notfall. Etwas Wichtigeres als einen Wobber zu verjagen, können nicht einmal die Großen vorhaben. Bestimmt lassen sie jetzt alles stehen und liegen und kommen mit ihr. Froh zieht Carlotta los, um alle zusammenzutrommeln.

Als Erstes entdeckt sie Mama im Wohnzimmer. Sie sitzt vor dem Computer und starrt angestrengt auf den Bildschirm.

»Mama, ein Notfall, in meinem Zimmer ist ein Wobber!«, ruft Carlotta ihr zu.

Ohne aufzusehen nickt Carlottas Mama. »Ah, ein Wobber …«, murmelt sie gedankenverloren und tippt mit den Fingern auf der Tastatur herum. »… tut mir leid, mein Schatz. Ich muss gerade unbedingt diese fürchterliche Steuererklärung machen.«

»Hast du nicht gehört«, sagt Carlotta nun etwas dringlicher. »Es ist ein Wobber!«

»Mm, schlimm …«, antwortet Mama. »Am besten, du fragst mal Robert.«

Carlotta seufzt, lauscht nach dem Wobber, der eifrig in ihrem Zimmer rumort, und macht sich auf den Weg zu Robert.

Robert, Mamas neuer Mann, steht fröhlich pfeifend in der Küche vor dem Herd und hantiert mit jeder Menge Töpfen und Schüsseln gleichzeitig. Schweißperlen glitzern auf seiner Stirn.

»Robert, ein Notfall, in meinem Zimmer ist ein Wobber!«, ruft Carlotta. »Komm schnell und …«

108

»So so, ein Wobber …«, brummt Robert, während er sich voll und ganz aufs Mehlsieben und Rühren und Eieraufschlagen konzentriert. »… einen Augenblick dauert es noch, ich bin gerade dabei, ein neues Backrezept für *karamellisierte Kirsch-Rhabarber-Schoko-Torte* auszuprobieren.«

»Nachher ist es bestimmt zu spät!«, sagt Carlotta. »Inzwischen wird der Wobber alles verwüstet haben.«

»So so …«, sagt Robert wieder. »… dann fragst du am besten mal Tommi.«

Carlotta seufzt, lauscht nach dem Wobber, der eifrig in ihrem Zimmer rumort, und macht sich auf den Weg zu Tommi.

Tommi ist Roberts Sohn und schon fünfzehn. Vielleicht ist das mit

ihm wirklich eine gute Idee. Er sieht aus, als würde er mit einem Wobber fertigwerden. Carlotta findet Robert im Garagenhof. Dort hockt er vor seinem Mofa und schraubt und klopft daran herum. Seine Hände und seine Hose sind voll mit braunem Schmieröl.

»Tommi, ein Notfall, in meinem Zimmer sitzt ein gruseliger Wobber«, erklärt Carlotta mit geheimnisvoller Stimme. »Du musst gleich mitkommen!«

»Ein Wobber … interessant«, brummt Tommi anerkennend, dann fängt er an zu lachen. »Du hast wirklich eine tolle Fantasie, Carlotta-Mädchen! Aber nun lass mich weitermachen. Frag Vivi, ob sie Zeit für einen Wobber hat.«

Carlotta seufzt, lauscht nach dem Wobber, der eifrig in ihrem Zimmer rumort, und geht zurück ins Haus.

Natürlich, Tommi hat recht. Wozu sind große Schwestern schließ-

lich da? Vivi ist bestimmt bereit, Carlotta mit dem Wobber zu helfen. Carlotta springt die Treppe zu Vivis Zimmer hinauf und reißt die Tür auf. Vivi sitzt vor dem Spiegel und schminkt sich.

»Vivi, ein Notfall … in meinem Zimmer ist ein Wobber«, ruft Carlotta atemlos. »Es dauert nicht lang, wir müssen ihn nur kurz …«

»Carlotta, Liebes!« Vivi stöhnt. »Du siehst doch, dass ich beschäf-

tigt bin.« Und ohne den Blick vom Spiegel zu lassen, zieht sie ihren kirschroten Lippenstift nach. »Mach ein Foto, damit ich ihn mir nachher ansehen kann.«

»Ein Foto …« Carlotta verdreht die Augen. Dann seufzt sie, lauscht nach dem Wobber, der eifrig in ihrem Zimmer rumort, und verlässt Vivis Zimmer.

Jetzt bleibt nur noch Oma. Carlotta entdeckt sie in einem Liegestuhl auf der Terrasse. Bei ihr wird es klappen! Omas haben doch immer Zeit.

»Oma«, sagt Carlotta, und weil Oma schwerhörig ist, sagt sie es gleich noch einmal lauter. »Oma! In meinem Zimmer ist ein Wobber und niemand will mir glauben!«

»Ein Wobber?«, fragt Oma lächelnd und streicht Carlotta über die Wange. »Oh, da hast du aber Glück, davon gibt es nicht mehr viele.«

»Willst du ihn sehen?«, fragt Carlotta hoffnungsvoll.

»Gleich, Spätzchen«, sagt Oma. »Nach meinem Mittagsschlaf.«

»So lange wird er nicht warten«, sagt Carlotta, aber Oma hat sich schon zur Seite gedreht und die Augen geschlossen.

Das war's. Carlotta ist enttäuscht. Nicht einmal jetzt haben sie Zeit. Alle haben ihre *furchtbar wichtigen* Sachen zu tun. Als ob es sie gar nicht kümmert, dass ein Wobber im Haus ist. Und dass Carlotta mit ihm ganz mutter- und vater- und geschwister- und oma-seelenallein ist. (In diesem Moment scheint der Wobber besonders laut zu rumoren.)

Gut, beschließt Carlotta, dann käme es jetzt auf sie an. Nun würde sie – Carlotta, jüngste Mitbewohnerin im Haus – eben ganz alleine mit dem Wobber fertigwerden. Schließlich ist er nicht das erste Mal hier. (Tatsächlich taucht er meistens auf, wenn Carlotta langweilig ist – vorzugsweise, wenn ihr sterbenslangweilig ist.) Carlotta kneift die Augen zu Furcht einflößenden Schlitzen zusammen. Und sie hat auch schon einen perfekten Plan. Donnerwetter, da haben Mama und Papa, Tommi, Vivi und Oma aber Glück!

Als die große Wanduhr vier Uhr Nachmittag schlägt, strömen auf einmal alle ins Wohnzimmer. Mama, Robert, Tommi, Vivi, Oma und auch Carlotta. Wie auf ein geheimes Zeichen hin setzen sie sich an den Esstisch. Was aber gar kein geheimes Zeichen ist, sondern um diese Zeit ganz normal in Carlottas Familie. Und dann wird in alle Tassen Kakao und Kaffee gegossen und dick Kuchen aufgeschnitten.

»Was ist denn nun mit dem Wobber?«, fragt Mama.

»Ja?«, fragt Robert neugierig und alle sehen Carlotta gespannt an.

»Der Wobber …«, sagt Carlotta beiläufig. »Och, den hab ich ver-
jagt.«

Da applaudieren alle und dann reden und lachen sie gemeinsam,
trinken Kakao und Kaffee und essen Kuchen und haben ungeheuer viel Spaß miteinander.

Warum vom Kuchen bereits ein großes Stück fehlt … das fragt

niemand. Das ist nämlich immer so, wenn der Wobber im Haus war. Außerdem genügt es, dass Carlotta weiß, wohin das Kuchenstück verschwunden ist.

Woher sie das weiß? Na, weil sie den Wobber damit aus dem Haus gelockt und alles gerettet hat. Was die weltbeste Idee war, denn mit Kuchen lässt sich der Wobber immer überlisten.

Allerdings tut er Carlotta nun etwas leid … und deshalb will sie ihm nach dem Abendessen gleich noch ein Stück Pizza vor das Gartentor stellen. Denn verhungern soll der Wobber bis zum nächsten Besuch bei ihnen schließlich nicht.

Felix und der Zelturlaub

von Katrin Stehle

An Felix' fünftem Geburtstag ist noch alles wie immer. Mama und Papa bringen ihm am Morgen einen Kuchen mit Kerzen drauf und singen: »Wie schön, dass du geboren bist.« Und in der Küche steht das neue Fahrrad. Mit lauter Schleifen dran.

»Damit du endlich Rad fahren lernst«, sagt Papa und verspricht, mit Felix gemeinsam zu üben.

Ein paar Wochen später holt Papa Felix dann vom Kindergarten ab. Felix hat ihm wie immer viel zu erzählen. Deshalb sieht er das große Auto und Papas Kumpel, der gerade eine Kiste in den Kofferraum lädt, erst, als sie schon vor der Tür stehen.

»Was soll das denn?«, fragt Felix.

»Das wollte ich dir die ganze Zeit erklären«, behauptet Papa. »Aber ich bin ja nicht zu Wort gekommen.«

Das kennt Felix schon von Papa.

»Also was?« Felix boxt Papa in den Arm.

»Ich … also ich ziehe aus. Aber nicht weit weg. Du kannst mich immer, wenn du magst, besuchen kommen.«

Aber Felix mag nicht. Weil Papa nicht einfach ausziehen kann. Weil er nicht mag, dass Mama so oft weint, und ihm nicht sagt, warum. Und weil sie ständig Migräne hat und nicht mit ihm spielen kann. Außerdem sind im Bücherregal jetzt Lücken und Papa hat Felix' Lieblings-CD einfach mitgenommen. Deshalb versteckt Felix sich unter dem Bett oder im Schrank, wenn Papa vorbeikommt.

Das geht so lange, bis Mama sagt: »Felix-Schatz, ich fahr in Kur damit ich nicht mehr so oft Kopfweh habe. Du darfst solange mit Papa in den Urlaub fahren.«

»Niemals!«, schreit Felix, »mit dem doofen Papa geh ich gar nirgendwohin!«

»Du darfst sogar aussuchen, wohin ihr fahrt«, sagt Mama und schaut Felix nicht an, sondern aus dem Fenster.

»Was ist überhaupt ein Kur?«, brüllt Felix. »Was für Kühe?«

»Dort wollen sie mir helfen, damit ich nicht mehr so oft Migräne bekomme«, erklärt Mama.

»Kann ich da nicht mit?«, fragt Felix und versucht, ein Papierstück unter das Sofa zu schippen.

»Nein«, sagt Mama leise, »das geht nicht.«

Wenn Mama ihre ganz leise Stimme benutzt, weiß Felix, dass er keine Chance hat.

Deshalb versucht er, Papa auszutricksen, als er sich mit ihm zum Eis essen trifft.

»Hallo«, sagt Papa.

Felix kneift den Mund zusammen. Papa bekommt ganz unruhige Augen. Felix versucht, nicht zu grinsen.

»Was möchtest du?«, fragt Papa und beginnt, alle Eissorten vorzulesen.

Felix sagt nichts.

»Okay«, meint Papa und lächelt. Aber nur mit dem Mund. »Dann bestelle ich Spaghetti-Eis für dich.«

Das findet Felix ziemlich gemein. Papa weiß genau, dass Felix Spaghetti-Eis hasst.

»Sieben Kugeln«, sagt er deshalb. »Alles Schokolade«.

Papas Mund klappt auf. Es sieht aus, als würde er gleich zu schimpfen anfangen.

Aber dann seufzt er nur und bestellt Felix sieben Kugeln Schokolade. Auch wenn der Kellner ganz doof schaut. Er selbst nimmt nur einen Eiskaffee.

Es ist ganz still, als die beiden da so sitzen. Nur am Gehweg reden Leute, klappern Fahrräder und eine Frau schimpft, weil sie mit dem Kinderwagen durch Hundekacke gefahren ist.

Als das Eis kommt, fängt Papa wieder an zu reden.

»Wir könnten ans Meer fahren«, schlägt er vor. »Oder Urlaub auf einem Boot machen.«

Felix hört gar nicht richtig zu. Er schaufelt Eis in sich rein und schüttelt nur immer wieder den Kopf, sodass ihm richtig schwindelig davon wird. Auch in seinem Bauch wird es ihm langsam komisch.

Schließlich hält Papa den Mund. Er schaut Felix einfach nur an. Felix starrt auf sein Eis und meint dann: »Wandern. Mit Rucksack und Zelt.«

Er weiß, dass sein Papa zelten hasst. »Ein richtiges Bett muss sein«, behauptet der immer. Mama meint, das sagt er nur, weil er zwei linke Hände hat und bestimmt kein Zelt aufbauen kann.

Aber komischerweise seufzt sein Papa nur und nickt dann.

Zwei Wochen später sind sie unterwegs. Und irgendwie findet Felix das alles plötzlich gar nicht mehr so toll. Sein Rucksack ist nämlich ziemlich schwer, obwohl Papa fast alles trägt. Wandern ist außerdem ziemlich langweilig und anstrengend, vor allem wenn es so heiß ist. Felix' T-Shirt ist am Rücken schon ganz nass. Aber jammern will er nicht. Irgendwie hat er das Gefühl, dass Papa dann gewonnen hätte. Deshalb singt er vor sich hin. Einfach irgendwas, das ihm in den Kopf kommt. »Mulewalle hapfe he …«, oder so ähnlich. Trotzdem ist er froh, als Papa endlich sagt: »Lass uns eine Pause machen.«

An einem kleinen Bach ziehen sie Schuhe und Strümpfe aus. Felix' Füße sind knallrot und blaue Fusseln von seinen Socken kleben dran. Er muss an Mama denken, die sich jetzt erholt. Und weil ihn das ziemlich traurig macht, wirft er ein paar Steine in den Bach. Das platscht schön und spritzt Papa ziemlich nass.

»Na warte, Flegel«, sagt Papa, »ich werfe dich gleich in den Bach!«

Felix lacht. »Ich bin viel schneller als du!«, ruft er und springt auf. Einen Moment lang ist alles wie früher.

»Ha!«, macht Papa und will ihn packen, kippt dabei aber vornüber mit dem Gesicht ins Gras.

Da fällt Felix wieder alles ein. Dass Papa ein Verräter ist, der einfach so auszieht, und dass Felix mit so einem nicht redet. Und ganz bestimmt keinen Spaß hat.

Deshalb dreht er sich schnell um und sagt so mürrisch, wie er nur kann: »Hast du nichts zu essen!«

Papa schaut erst mal ein wenig dumm. »Wir haben doch gerade erst Mittag gegessen«, sagt er und zieht dann süße Teilchen aus der Tasche. Genau die von Felix' Lieblingsbäcker. Felix ist wütend auf Papa, weil der es ihm so schwer macht, böse auf ihn zu bleiben.

Aber dann holt Papa die Landkarte und zeigt Felix, wo sie heute noch hinwandern wollen. Das sieht furchtbar weit aus. Dabei ist doch schon Nachmittag.

»Na, was ziehst du denn für ein Gesicht? Du wolltest doch wandern und zelten«, sagt Papa fröhlich. »Schau mal, man kann die Route mit einem abwaschbaren Stift einzeichnen.« Stolz zeigt er Felix, wie man den abwischen kann. »Damit kann sogar jemand wie ich den richtigen Weg finden«, behauptet er. Felix interessiert das alles nicht. Er wäre gerne mit Mama und Papa zusammen in einem Ferienhaus, so wie früher. Papa interessiert das nicht. Er legt sich hin, um ein Nickerchen zu machen. Da findet Felix ihn wieder superdoof.

Mürrisch wirft er Steine in den Bach, aber Papa ist so weit weg, dass nur ein winziger Tropfen auf seine Wanderhose fällt und die ist dummerweise auch noch wasserabweisend. Papa schnarcht. Es

hört sich an wie das Grunzen eines Schweines, findet Felix. Da hat er eine Idee: Er wischt die lange Route einfach aus und zeichnet eine neue ein. Mal sehen, ob Papa dann den Weg noch findet. Felix kichert vor sich hin, spuckt sich auf den Finger und zack ist der rote Strich gelöscht. Felix macht einen anderen. Keine Ahnung, was all die Symbole auf der Karte bedeuten. Egal. Jetzt ist nur wichtig, dass Papa nichts merkt. Aber der grunzt immer noch vor sich hin. Wenn das heute Nacht auch so ist, wird Felix von Schweinen träumen, garantiert.

Felix baumelt mit den Beinen. Überall wachsen komische Pflanzen, manche stinken sogar. Felix merkt, dass es kühler geworden ist, seine Füße bekommen plötzlich ganz komische Hügel. Und die Sonne ist weg. Graue, dicke Wolken am Himmel. Felix steigt vorsichtig in den Bach. Das Wasser ist eiskalt und die Steine sind ziemlich rutschig. Felix klammert sich an einer Pflanze fest. Die sticht und pickt ganz fürchterlich. Er schreit laut auf und rutscht auf dem blöden Stein aus, auf dem er steht und plumpst ins eisige Wasser. Sein Po tut furchtbar weh. Aber wenigstens wacht Papa endlich auf.

Erschrocken sieht er Felix, der mitten im Bach sitzt. »Warte«, sagt Papa und stapft auf Felix zu.

Sicher liegt es an seinen Riesenfüßen, dass er nicht hinfällt. Felix zeigt ihm seine Hand. »Die blöde Pflanze hat mich gestochen«, sagt er. Und wirklich: Seine Hand ist voller weißer Pünktchen.

»Eine Brennnessel«, erklärt Papa. »Halt die Hand ins Wasser.«

Papa hat wirklich recht. Von der Kälte wird das Brennen besser.

»Komm«, meint Papa und nimmt Felix' andere Hand. »Wir müssen weiter, das Wetter sieht nicht toll aus.«

Als Felix nach oben sieht, ist der Himmel grau-schwarz.
»Wir beeilen uns besser«, sagt Papa.

Am Ufer schlüpft Felix schnell in neue Kleider und Papa hängt die nassen außen an seinen Rucksack, damit sie trocknen können. Aber das funktioniert nicht, weil es zu regnen anfängt. Oder besser gesagt zu schütten. Bevor Papa und Felix die Regenjacken anhaben, sind sie schon klatschnass. Papa zieht Felix unter einen Baum, aber das hilft nichts.

Er sieht ziemlich komisch aus, wie ihm die Haare so klatschnass ins Gesicht hängen. Wenn Felix nicht so frieren würde, müsste er fast lachen.

»Wir bauen das Zelt auf!«, schreit Papa gegen den Regen an. »Es wird sowieso bald Abend sein.«

Das ist leichter gesagt als getan. Weder Papa noch Felix haben jemals ein Zelt aufgebaut. Das blöde Ding wickelt sich ständig um ihre Köpfe und Füße und wird immer nasser.

Felix ist froh, als Papa das nasse Ding endlich aufgespannt hat. Sie ziehen sich beide im Regen ganz nackig aus und schlüpfen dann schnell in den Vorraum. Als sie endlich trockene Kleider anhaben, breiten sie die Schlafsäcke aus. »Puh«, macht Papa.

»Puh«, macht Felix und dann schnell den Mund zu. Eigentlich ist er ja immer noch böse mit Papa. Aber der Regen trommelt aufs Dach, Papa hat Schokolade dabei und eine coole Taschenlampe, die in verschiedenen Farben leuchten kann, und so wird es doch ganz gemütlich. Bis es plötzlich nass wird. Von unten. Papa zieht sich schnell das Regencape über und schaut nach.

»Felix!«, ruft er. »Wir stehen in einem Fluss!«

Da schaut Felix lieber schnell selbst nach, fällt sofort über eine dieser blöden Zeltschnüre und landet kopfüber im Matsch. Wirklich, das Zelt steht in einem Bach. Oder einem Flüsschen, das von oben am Berg herunterströmt.

»Komm«, sagt Papa und reißt die Heringe aus dem Boden. Dann packt er das Zelt und schleppt es fort zu einem Jägerstand, der ganz in der Nähe steht. Die Rucksäcke aus dem Vorraum bleiben im Schlamm liegen. Felix rappelt sich auf und rutscht hinter Papa her. Der fummelt die Schlafsäcke, die zum Glück nur ein wenig nass sind, aus dem Zelt, das aussieht wie ein Schwimmtier ohne Luft. Komischerweise hat er plötzlich zwei rechte Hände. Er trägt die Schlafsäcke hoch, hilft Felix nach oben und dann dabei, sich ein-

zukuscheln. Dann holt er die klatschnassen Rucksäcke und legt sie unten ab. »Die sind wohl gerade nicht zu gebrauchen«, meint er und setzt sich dann dicht neben Felix. Felix kuschelt sich an Papa, der seltsamerweise immer noch wie früher riecht. Ganz wie Papa eben. Dann erzählt Papa typische Papa-Geschichten über die Abenteuer des fliegenden Schweins Ferdinand und dessen Freund Fritz. Felix vergisst fast, dass er Hunger hat, und schläft dann auf Papas Schoß ein. Ganz wie früher krault Papa Felix' Nacken. So sitzen sie zusammen, bis der Himmel ganz orange-rosa wird und die Sonne aufgeht.

»Sollen wir die Sachen trocknen und dann weiterwandern?«, fragt Papa.

Felix beißt sich auf die Unterlippe. »Vielleicht können wir in eine Hütte gehen? Am See und Bootfahren?«, fragt er dann.

Papa nickt. »Ja, das könnten wir auch. Soll ganz in der Nähe einen See geben.«

So wandern die beiden noch ein Stück bis zur Bushaltestelle und mieten dann eine Blockhütte an einem kleinen Waldsee. Auf einem Ruderboot, mitten im See essen sie Pommes mit ganz viel Ketchup und Majo. Das geht nur, wenn Papa und Felix allein sind. Ohne Mama. Die mag das nämlich nicht. Felix drückt die Nase an Papas T-Shirt. Papa wuschelt ihm durch die Haare und sagt mit dieser ganz besonderen Stimme: »Mein Großer.« Genau wie immer. Und da weiß Felix, dass Papa einfach immer sein Papa sein wird. Egal, wo er wohnt.

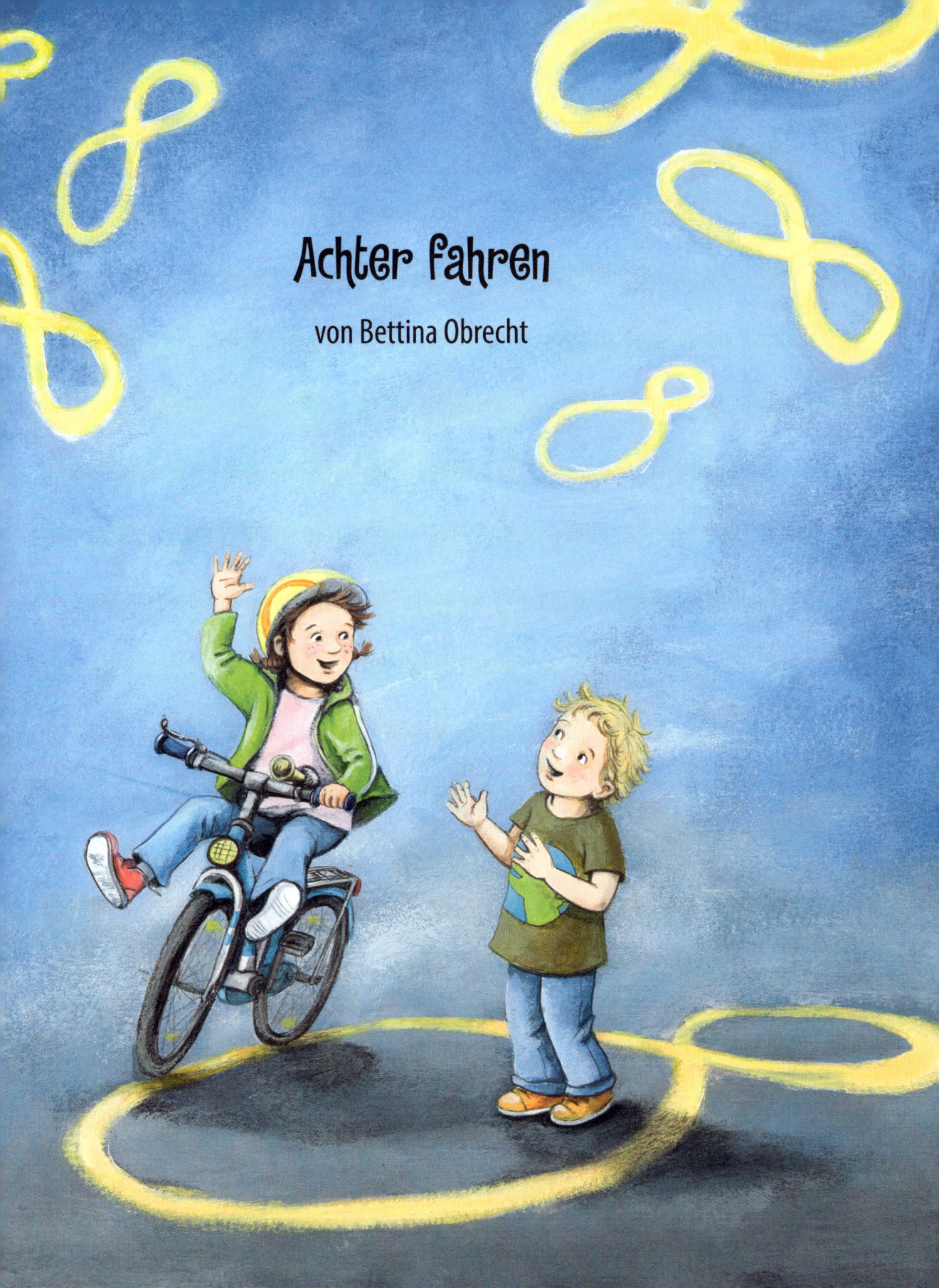

Achter fahren

von Bettina Obrecht

W arum kommt Theo nicht spielen?«, fragt Marie. Sie steht mit beiden Füßen auf dem braunen, struppigen Fußabstreifer vor Theos Elternhaus und sieht an Theos Mutter hoch wie an einem unbezwingbaren Turm. »Ich könnte ihm zeigen, dass ich den Ball in die Luft werfen, fünfmal klatschen und den Ball dann sogar wieder fangen kann.«

»Das würde ihm bestimmt gefallen«, sagt Theos Mutter, aber es klingt nicht so richtig begeistert. »Ich werde es ihm sagen. Vielleicht überlegt er es sich dann anders.«

Sie möchte die Haustür schon wieder schließen, aber Marie fällt noch etwas ein.

»Wenn er nicht draußen spielen mag, soll er doch mit zu mir kommen«, bietet sie an. »Ich kann ihm mein neues Lied auf dem Klavier vorspielen. Oder ich zeige ihm, was ich heute im Kindergarten gemalt habe. Ich kann jetzt eine richtige Giraffe malen. Meine Erzieherin hat gesagt, ich bin eine kleine Künstlerin.«

»Ich sage es ihm«, verspricht Theos Mutter wieder. Dann ist die Tür zu und Marie steht allein auf der Straße.

Allein draußen spielen ist langweilig. Keiner guckt zu, wenn Marie den Ball in die Luft wirft, fünfmal klatscht und den Ball wieder fängt. Keiner guckt zu, wenn sie mit dem Fahrrad eine ganz kleine Acht fährt und dabei nicht hinfällt. Und keiner hört ihr zu, wenn sie bis hundert zählt. Das kann sie nämlich schon und Theo schafft es noch nicht einmal bis zwanzig. Marie hat ihn deswegen schon ein paarmal ausgelacht. Es kann doch nicht sein, dass Theo deswegen gleich beleidigt ist, oder?

Marie fährt mit dem Fahrrad vor Theos Haus lauter ganz enge Achter. Einmal fällt sie hin und schrammt sich das Knie ein bisschen auf. Sie sieht zu Theos Fenster hoch. Vielleicht hat er sie beobachtet. Und wirklich – der Vorhang bewegt sich ein bisschen. Marie winkt. Der Vorhang bewegt sich noch einmal. Marie lässt ihr Fahrrad fallen und stellt sich unter Theos Fenster. Aber nun rührt sich nichts mehr.

Marie überlegt, ob sie noch ein zweites Mal klingeln soll, aber Theos Mutter hatte nicht so richtig gute Laune, und es ist vielleicht besser, wenn Marie sie nicht noch einmal stört.

Marie hebt ihr Fahrrad auf und radelt nach Hause. Es ist nicht weit, nur ein Stück dieselbe Straße hinunter. Theo und Marie sind fast Nachbarn. Sie sind beide fünf, aber Theo wird schon bald sechs. Sie beide kennen sich schon immer und sind schon immer Freunde, und das, obwohl sie so unterschiedlich sind. Es ist komisch, dass ein Kind, das sogar ein bisschen älter ist als Marie, so viel weniger kann als sie. Marie findet alles ganz leicht: Fahrrad fahren, schwimmen, Rad schlagen, ihren Namen schreiben, Schuhe binden, bis hundert zählen, die Uhr lesen. Aber Theo ist komisch. Es hat ewig gedauert, bis er sich auf dem Fahrrad halten konnte, und obwohl er nächstes Jahr in die Schule kommt, kriegt er es nicht hin, seinen eigenen Namen zu schreiben.

»Was ist mit Theo?«, fragt Maries Mutter, als Marie schlecht gelaunt ins Wohnzimmer stapft und ihren Helm einfach auf den Boden fallen lässt.

»Theo ist komisch«, beschwert sich Marie. »Und er will nicht mit mir spielen.«

»Warum ist er komisch?«, fragt Maries Mutter.

»Wenn ich laut bis hundert zähle, geht er weg«, sagt Marie. »So kann er es doch nie lernen.«

»Theo muss noch nicht bis hundert zählen«, sagt Maries Mutter. »Das hat noch Zeit.«

»Ich wollte ihm zeigen, wie er seinen Namen schreiben kann.« Marie tritt leicht gegen ihren Fahrradhelm, der einige Zentimeter weit über das Parkett rutscht. »Aber er versteht es nicht. Dabei sind es nur vier Buchstaben: T – H – E – O. Ich kann es ihm doch beibringen.«

»Vielleicht will er gar nicht, dass du ihm etwas beibringst«, vermutet Maries Mutter. »Du bist doch keine Lehrerin.«

»Dann ist er dumm«, stellt Marie fest. Sie lässt sich auf einen Sessel fallen und zieht die Füße hoch.

Mama legt die Zeitung weg, in der sie gerade geblättert hat, und sieht Marie an.

»Theo ist nicht dumm.« Diesen Satz spricht Mama ganz deutlich.

»Doch, er ist dumm!« Marie tut es jetzt gut, über Theo zu schimpfen. Schließlich wollte er heute einfach nicht mit ihr spielen, und jetzt sitzt er dafür ganz allein in seinem langweiligen Zimmer. Also, wenn das nicht dumm ist!

Mama sagt nichts mehr. Sie greift wieder nach der Zeitung. Marie spürt, dass Mama nicht mit ihr zufrieden ist. Dabei ist Mama doch sonst oft stolz auf Marie, weil die schon so viel kann.

Marie wartet eine Weile, dann sagt sie. »Theo ist langweilig.«

Mama schüttelt nur den Kopf. Sie schenkt sich aus einer Flasche Mineralwasser nach und legt die Stirn in Falten.

Marie spürt, dass Mama gleich eine Menge Dinge sagen wird, die Marie lieber nicht hören möchte. Also dreht sie sich um und geht in die Küche. Sie schenkt sich Saft ein.

Theo ist trotzdem dumm, denkt sie. Sie hat nämlich einfach keine Lust, etwas Nettes über diesen Theo zu denken, der noch nicht mal Achter fahren kann.

Theo hat sehr lange gebraucht, bis er überhaupt Fahrrad fahren konnte. Marie hat ihn häufig ausgelacht. Aber jetzt fährt er sehr gut. Eigentlich fährt er vielleicht sogar ein kleines bisschen besser als Marie. Jedenfalls fällt er viel seltener hin. Marie macht ziemlich viele Dummheiten auf dem Fahrrad und hat deswegen ständig

Löcher in den Hosenbeinen oder sogar aufgeschrammte Knie. Theo dagegen ist sehr vorsichtig. Langsam und vorsichtig.

Und wenn Marie hinfällt, lacht er sie trotzdem niemals aus.

Marie geht in den Flur, setzt ihren Fahrradhelm auf und verschließt ihn unterm Kinn. Sie wirft einen Blick ins Wohnzimmer.

Mama hat die Zeitung wieder aufgeschlagen.

»Ich geh nochmal raus«, sagt Marie.

»Mm«, antwortet Mama nur abwesend.

Marie geht aus der Tür und fährt zurück zu Theos Haus, aber sie traut sich nicht, noch einmal zu klingeln.

Und dann fühlt es sich auf einmal sehr einsam an, ganz ohne Theo vor Theos Haus zu stehen. Was ist, wenn Theo jetzt gar nicht mehr ihr Freund sein will, weil sie ihn schon so oft ausgelacht hat? Das kann sich keiner vorstellen! Theo ist doch Maries allerallerbester Freund, ohne den kann sie es doch gar nicht aushalten!

Marie kommen die Tränen. Sie wendet den Kopf ab, damit Theo –

falls er da oben steht – nicht sehen kann, dass sie weint, und dabei entdeckt sie etwas: Ein dickes gelbes Stück Straßenkreide. Es kann sein, dass sie selbst es hier vergessen hat. Vor ein paar Tagen haben Theo und sie hier einen Garten auf die Straße gemalt. Einen Garten mit ganz vielen Karotten. Marie hatte ganz schnell keine Lust mehr, aber Theo hat geduldig ganz viele Karotten gemalt, alle fast gleich groß. Inzwischen sind sie leider kaum mehr zu sehen.

Marie bückt sich und hebt das Kreidestück auf. Sie fängt an zu schreiben. Ein dickes T. Ein noch dickeres H. Ein leider etwas schiefes E. Und dann ein eiförmiges großes O.

Dann malt sie ein dickes gelbes Herz um die Buchstaben.

Sie sieht noch einmal zu Theos Fenster hinauf.

Der Vorhang wackelt.

Marie winkt.

Und jetzt endlich geht das Fenster auf.

Theo stützt die Arme aufs Fensterbrett. »Warum hast du Theo geschrieben?«, fragt er ruhig. »Da sind ein T, ein H, ein E und ein O. Theo.«

»Ich habe ein Herz drum herumgemalt«, sagt Marie, als könne Theo das nicht selbst sehen. »Weil wir doch Freunde sind.«

Theo zögert. »Vielleicht komme ich gleich noch«, sagt er.

Marie nickt. Sie krempelt ihr linkes Hosenbein hoch. »Ich bin schon wieder hingefallen«, verkündet sie und zeigt ihr aufgeschrammtes Knie, obwohl Theo ihre Verletzung von da oben bestimmt nicht so genau sehen kann. »Ich wollte eine ganz enge Acht fahren. Ich bin eben ganz schön dumm.«

»Du bist nicht dumm«, widerspricht Theo. »Du bist meine Freundin.«

Und er macht das Fenster wieder zu.

Marie steigt auf das Fahrrad. Bis Theo kommt, kann sie noch Achter fahren üben.

Allerdings fährt sie jetzt ein bisschen größere, breitere Achter, damit sie nicht dauernd hinfallen muss.

Das Traumfresserchen

von Michael Ende

In Schlummerland ist das Wichtigste für alle Leute das Schlafen. Deshalb heißt das Land so. Dabei kommt es ihnen aber nicht so sehr darauf an, wie viel oder wie lange einer schlafen kann, sondern wie gut. Das ist ein Unterschied. Wer gut schlafen kann, so meinen die Schlummerländer, der hat ein freundliches Gemüt und einen klaren Kopf. Und deswegen machen sie denjenigen, der am besten schlafen kann, zu ihrem König. Einmal gab es dort einen König und eine Königin, die hatten eine kleine Tochter mit Namen Schlafittchen. Das ist ein hübscher Name und die kleine Prinzessin war auch ein hübsches Kind. Das musste jeder zugeben, der sie einmal gesehen hatte. Sie wohnte bei ihren Eltern im Traumschloss und schlief in einem riesigen, blütenweißen Himmelbett.

Trotzdem wollte die kleine Prinzessin Schlafittchen abends nie ins Bett gehen und erfand immer neue Vorwände, um noch ein wenig aufzubleiben. Aber in Wirklichkeit fürchtete sie sich vor dem Einschlafen. Und warum fürchtete sie sich so sehr davor? Weil sie dann oft sehr böse Träume hatte. Das ist schon für große Leute schlimm, für kleine ist es noch viel schlimmer, aber am allerschlimmsten ist es für eine kleine Prinzessin, die Schlafittchen heißt und in Schlummerland lebt. »Es ist eine Schande!«, sagten die Leute und schüttelten

bedenklich die Köpfe. König und Königin wurden immer betrübter, und deshalb schliefen sie auch schon nicht mehr so gut wie es sich gehörte. Und die kleine Prinzessin wurde immer blasser und magerer.

»Was können wir bloß tun?«, seufzte die Königin. »Wir können nur hoffen, dass die bösen Träume nicht wiederkommen.« Aber sie kamen doch, immer wieder und wieder. Da ließ der König alle Ärzte und Professoren des Landes kommen. Sie standen um das große Bett der kleinen Prinzessin und redeten lateinisch und verschrieben ihr Unmengen Medizin. Aber nichts half. Nun schickte der König Boten aus in alle anderen Länder, die sollten alle alten Schäfer und Kräuterweiber, Bauern und Matrosen fragen. Aber niemand wusste Rat.

Schließlich ließ der König überall Plakate ankleben und in allen Zeitungen drucken, dass er demjenigen, der seiner Tochter von ihren schlimmen Träumen helfen könnte, eine große Belohnung geben wollte. Aber niemand meldete sich. »Dann werde ich mich eben selbst auf die Suche machen«, sagte der König eines Tages. »Tu das!«, antwortete die Königin hoffnungsvoll. Sie bügelte ihm seinen Reiseanzug, den er schon lang nicht mehr getragen hatte, und packte ihm einen Rucksack voll Proviant. So ging der König in die Welt hinaus.

Er fragte jeden Menschen, der ihm

begegnete: Eisenbahnschaffner und Feuerwehrleute, Schullehrer und Fabrikarbeiter, Taxifahrer und Gemüsefrauen, er fragte Cowboys und Eskimos, Kinder auf der ganzen Welt und uralte Chinesen, aber nicht einen Menschen fand er, der ein Mittel gegen böse Träume wusste.

Am Ende war der König ganz müde und mutlos geworden. Er wusste nicht mehr, wo er noch hingehen sollte. Und nach Hause zurückkehren mochte er auch nicht, so unverrichteter Dinge. Also ging er einfach immer weiter, ohne auf den Weg achtzugeben. Es wurde immer dunkler, denn die Nacht brach herein. Ein eisiger Wind wehte und Schnee begann vom Himmel zu fallen. Der König hatte gar nicht gemerkt, dass es inzwischen Winter geworden war. Und schließlich hatte er sich verirrt. Er war auf eine große, große Heide geraten. Die verschneiten Ginsterbüsche um ihn her sahen aus wie allerlei seltsame und unheimliche Gestalten. Aber der König war viel zu müde und betrübt, um sich zu fürchten.

Nach einer Weile sah er in der Ferne etwas zwischen den Ginsterbüschen glitzern und funkeln. Es glich einem Stückchen Mondlicht, das umherhüpfte, so geschwind, dass man ihm mit den Augen kaum folgen konnte. Beim Näherkommen sah der König, dass dieses Stückchen silbernen Mondlichts Arme und Beine hatte und einen Kopf voller Stacheln wie eine Distel oder ein Igel. Das Kerlchen blickte den König mit glitzernden Sternaugen an und bewegte das Gesicht in tausend lachenden Fältchen. Aber das Allerseltsamste an ihm war sein ungeheuer großer Mund, den es immerfort aufsperrte wie ein hungriger kleiner Vogel seinen Schnabel. »Ach, wer lädt mich ein? Ach, wer lädt mich ein?«, rief das Männchen immerfort mit einer feinen, knisternden Stimme. »Ich hab so schrecklichen Hunger! Wenn mich nicht bald jemand zum Essen einlädt, dann muss ich mich selbst verschlucken!« Und es klappte seinen Mund so weit auf, dass nicht nur sein Kopf, sondern seine ganze spindelige kleine Gestalt hinter dem Loch verschwand.

»Ich hab mich verirrt«, sagte der König, »bitte sag mir, wie ich aus dieser Heide wieder hinausfinde.«

»Hier findet niemand hinaus«, antwortete das Männchen, »außer mit mir gemeinsam. Und ich kann nur fort, wenn mich jemand zum Essen einlädt.« Der König suchte in seinem Rucksack, aber der war leer. »Leider hab ich nichts mehr«, sagte der König freundlich, »sonst würde ich dir gerne ein Butterbrot geben.«

»Pfui Schmatzschwatz!«, rief das Männchen grob. »Auf so was pfeif ich sowieso! Du kennst mich wohl gar nicht, he? Weißt du nicht, was mir schmeckt? Was suchst du dann hier überhaupt?«

»Ich suche jemand«, erwiderte der König, »der meine kleine Tochter Schlafittchen von ihren bösen Träumen befreien kann.« Das mondlichtige Männchen machte einen Luftsprung und war nun plötzlich sehr höflich.

»Zibbeldibix!«, wisperte es. »Da werde ich also heute doch noch was Vernünftiges zu schlucken kriegen! Man lädt mich ein! Man lädt mich ein! Rasch, gib mir deinen Mantel! Und deine Stiefel brauche ich auch! So, und jetzt noch deinen Stock, damit ich zu der Einladung gehen kann.« Der König war so verdutzt, dass er ihm alles gab, ohne sich zu wehren. »Du denkst wohl, ich will dir die Sachen einfach wegnehmen, he?«, kicherte das Kerlchen. »Das will ich auch. Bin aber doch kein Räuber. Wirst gleich sehen, dass

du gut daran getan hast, dich nicht zu weigern. Jetzt kann uns allen dreien geholfen werden, dir, deinem Kind, aber vor allem mir, dem Traumfresserchen!« Dann pfiff es und schnalzte mit der Zunge, und ehe der König noch »Wieso?« fragen konnte, hatte das Männchen die Sachen verwandelt: Der Mantel wurde ein großer Bogen schönes weißes Papier, der Stock wurde ein gewaltiger Federhalter und die Stiefel ein riesiges Tintenfass.

Das Kerlchen tunkte die Feder in die Tinte und malte in Windeseile folgenden Spruch auf das Papier: Traumfresserchen, Traumfresserchen! Komm mit dem Hornmesserchen! Komm mit dem Glasgäbelchen! Sperr auf dein Schnapp-Schnäbelchen! Träume, die schrecken das Kind, die lass dir schmecken geschwind! Aber die schönen, die guten sind mein, drum lass sie sein! Traumfresserchen, Traumfresserchen, dich lad ich ein!

Dann rollte es das Papier zusammen und gab es dem König. »Und nun«, rief es, »lauf schnell zu Schlafittchen und sag ihr, sie soll den Spruch aufsagen. Ich hoffe, dass ich bald einen richtigen saftigen bösen Traum in meinen Magen bekomme. Mir läuft schon das Wasser im Mund zusammen. Steh doch nicht so dumm herum! Los, lauf doch schon!«

»Ja weißt du«, sagte der König verwirrt, »ich war sehr lange unterwegs, bis ich hierherkam. Mein Schloss ist am anderen Ende der Welt. Es wird wohl eine ganze Weile dauern, bis ich wieder bei Schlafittchen bin.«

»Klapperadux!«, knurrte das Männchen. »Was seid ihr Menschen doch für langweilige Wesen.

Und ich kann hier nicht weg, wenn ich nicht mit dem Spruch gerufen werde.«

»Was machen wir nur?«, fragte der König ganz unglücklich.

»Weißt du was?«, kicherte das Kerlchen. »Du könntest mich ja stellvertretend für dein Töchterchen rufen.«

»Glaubst du, das wird gehen?«

»Wir müssen es eben einfach ausprobieren«, meinte das Männchen, »los, sag den Spruch auf!« Es zog aus seiner rechten Tasche

ein hörnernes Messerchen und aus seiner linken ein gläsernes Gäbelchen, und dann stellte es sich in Startposition auf wie ein Schnellläufer. Der König rollte das große Papier auseinander und wollte zu lesen anfangen, doch da fiel ihm noch etwas ein und er ließ das Blatt wieder sinken. »Hör mal, Traumfresserchen«, sagte er besorgt, »wenn du weg bist – was wird denn dann eigentlich aus mir? Allein finde ich doch aus dieser Wildnis nie wieder nach Hause. Und Mantel und Schuhe habe ich auch nicht mehr. Soll ich hier erfrieren?«

»Schlabberadatsch!«, brummte das Kerlchen. »Was seid ihr Menschen doch für Umstandskrämer! Also los, setz dich auf meine Schultern, dann werde ich dich tragen.« Der König war ein ziemlich gewichtiger Mann und es schien ihm mehr als zweifelhaft, dass das winzige Kerlchen ihn würde tragen können. Aber es blieb ihm nichts anderes übrig, als den Versuch zu machen. Er hockte sich also vorsichtig auf die stacheligen Schultern des Männchens, rollte von Neuem das Papier auseinander und las den Spruch vor. Und kaum hatte er die letzte Zeile aufgesagt, da sauste das Traumfresserchen los, dass die Welt nur so vorbeiflog. »Es geht!«, schrie es schrill. »Siehst du, es geht!«

»S-s-sag mir nur«, stotterte der König erschrocken und hielt sich den Hut fest, »du frisst – oh, entschuldige, ich wollte sagen, du isst – gern böse Träume?«

Huschschsch! Da kamen sie gerade am Nordpol vorüber. »Mit Stumpf und Stiel!«, rief das Männchen. »Je böser, desto lieber und je mehr, desto besser!« Wischschsch! Da flog Amerika vorbei. »Und die guten und schönen Träume«, fragte der König und schnappte nach Luft, »die magst du nicht? Das finde ich seltsam.«

»Gar nicht seltsam!«, keuchte das Männchen, schon ein wenig außer Atem. »Weißt du nicht, dass Igel am liebsten Schlangen und Schnecken essen? Und ich bin eben sozusagen ein Traumigel, deshalb schmecken mir böse Träume. So bin ich gemacht und dazu bin ich da, punktum!« Wuschschsch! Da waren sie schon über Afrika hinweggeflogen. »Aber warum«, stammelte der König, dem fast Hören und Sehen verging, »warum kommst du nicht einfach von allein?« »Hab ich doch schon gesagt«, hechelte das Männchen, »ich kann nur kommen, wenn man mich einlädt! Und ich nehme nur, was man mir schenkt.«

Plumps! Da stand mit einem Schlag die Welt wieder still. Und als der König sich umschaute, da saß er mitten im Zimmer seiner kleinen Tochter auf dem Boden. Die Königin saß bei Schlafittchen am Bett und beide machten große Augen. »Ich hab's!«, rief der König und zeigte ihnen den Spruch auf dem Papier. Und dann fielen sich alle drei vor Freude in die Arme.

Von nun an sagte die Prinzessin Schlafittchen jedes Mal, wenn sie Angst vor bösen Träumen hatte, den Spruch auf und lud das Traumfresserchen ein. Gesehen hat sie es zwar nie, aber manchmal, während sie einschlief, hörte sie noch ein feines, knisterndes Stimmchen sagen: »Schlaf gut, mein Kind, keine Sorge! Ich pass schon auf. Und schönen Dank auch für die Einladung!« Und das Traumfresserchen muss wohl wirklich da gewesen sein, denn die kleine Prinzessin hatte keinen einzigen bösen Traum mehr. Ihre Backen wurden wieder rot und rund und alle Bewohner von Schlummerland waren stolz auf sie, denn so gut wie sie konnte keiner schlafen.

Und damit auch alle anderen Kinder das Traumfresserchen rufen können, wenn sie es brauchen, ließ der König die ganze Geschichte samt dem Spruch aufschreiben und in ein Buch drucken. Das ist hiermit geschehen.

Das Osterpicknick

von Jule Sommersberg

Es war noch nicht einmal richtig hell. Der Himmel im Osten verfärbte sich langsam blutrosa, aber aus der Küche im Erdgeschoss waren bereits geschäftige Geräusche zu hören.

»Mama?«, fragte Julia, die schlaftrunken die Treppe herunterkam.

Als Antwort ertönte nur ein unwilliges Grunzen, das gar nicht nach Julias Mutter klang. Ihr wurde bang ums Herz. Was, wenn in der Küche nicht Mama stand, sondern ein wütendes Tier, ein Wildschwein vielleicht? Vielleicht war das Wildschwein dem Geruch von Lebensmitteln gefolgt, aus dem Wald gekommen und in die Küche eingedrungen? Und wenn Julia nun in die Küche kam, würde das Wildschwein über sie herfallen? Was, wenn?

Sie nahm sich zusammen. Mama und Papa schlossen abends die Haustür ab. Kein Wildschwein konnte abgeschlossene Türen öffnen. Mit wenigen Schritten erreichte sie die Küchentür und stellte

erleichtert fest, dass kein wütendes Schwein in der Küche stand, sondern nur Mama, von oben bis unten mit Mehl bestäubt, die sich jetzt den Schweiß von der Stirn wischte und Julia anlächelte.

»Warum bist du denn schon wach?«, wollte sie wissen.

»Warum bist du denn schon in der Küche?«, erwiderte Julia.

»Die Pastete braucht so lang«, erklärte die Mutter.

Julia nickte. Jetzt fiel es ihr wieder ein. Es war ja der Montag nach Ostern und am Montag nach Ostern machte die ganze Familie immer einen Ausflug.

Julia strahlte. Mit einem Satz verschwand sie aus der Küche und kam in ihrem schönsten Frühlingskleid zurück. Sie spürte ein Kribbeln in ihrem Bauch – ein gutes Kribbeln. Mamas Osterpastete war köstlich und wenn sie einen Ausflug machten, kam ihr das immer so familienmäßig vor. Genau wie bei den Familien im Fernsehen oder in ihren Büchern.

Die Zeit verging im Schneckentempo. Julia, Marie und Marek halfen der Mutter beim Teigkneten und beim Zerschneiden der Zutaten für die Pastetenfüllung. Aber auch als die Pastete längst im Ofen war und es im ganzen Haus herrlich zu duften begann, zeigte die Küchenuhr erst halb neun.

Endlich, endlich war die Pastete fertig und endlich, endlich waren alle da: Lena und Friedrich mit ihrer Mutter, Julias kleiner Cousin Finn mit seinen Eltern, Cousine Laura mit Tante Hanna und Opa Dieter und Oma Karin waren gekommen. Julias Mutter packte gemeinsam mit den anderen Müttern die Körbe voll Osterpastete, bunt bemalten Eiern, Marmorkuchen und Holundersaft, Zimtschnecken und Kaffee, Wurstbroten und

Früchtetee. Und endlich, endlich war die ganze Mannschaft zur Abfahrt bereit. Da wurde es dunkel in der Küche. Julia und Lena liefen zum Küchenfenster und rissen erschreckt die Augen auf. Der Himmel, der heute früh noch in frühlingshellblau geleuchtet hatte, war dunkelgrau und dicke Wolkenpakete zogen sich dichter und dichter zusammen. Schon fielen die ersten Tropfen auf die gepflasterte Einfahrt.

Auch die Erwachsenen sahen zum Fenster hinaus und machten ratlose Gesichter.

»Da fällt unser Picknick wohl ins Wasser«, sagte Julias Vater und Marie schrie entsetzt auf.

»Nein«, rief sie, »nein, wir machen immer ein Osterpicknick!«

»Du bist dumm«, sagte Finn und sah seine kleinere Cousine herablassend an. »Willst du in einer Pfütze sitzen und Kuchen essen?«

Julia lachte, als sie sich Marie in einer Pfütze sitzend vorstellte, wie sie in ein Stück Marmorkuchen biss. Schnell wurde sie wieder ernst. Dass das Picknick ausfiel, war wirklich kein Grund zum Lachen.

Einen Moment lang sahen alle stumm hinaus in den trostlosen Regen, der jetzt mit kräftigen, dicken Tropfen zu Boden platschte.

»Nee, nee«, ließ sich da Julias Mutter vernehmen: »Ich stehe seit halb sieben in der Küche und bereite diese Osterpastete vor! Ich will mein Picknick haben.« Und mit entschlossenem Gesicht stapfte sie aus der Küche.

Lenas Mutter folgte ihr und kurz darauf hörte man aus dem Wohnzimmer die Geräusche von Stühlen, die hin und her geschoben wurden.

Neugierig gingen Julia, Lena, Marie und die anderen hinüber ins

Wohnzimmer. Dort standen die Möbel an den Wänden und auf dem Boden lagen Kissen und Decken.

»So«, verkündete Julias Mutter, »alles bereit für unser Picknick. Ihr müsst nur die Körbe holen.«

Das ließ Julia sich nicht zweimal sagen. Wie der Blitz lief sie in die Küche und holte die Osterpastete, die sie feierlich in die Mitte einer Decke stellte. Papa holte Teller und Becher und bald saßen sie alle miteinander auf dem Wohnzimmerfußboden und machten ihr Picknick. Und das, fand Julia, war das schönste Picknick, das sie je gehabt hatten.

Das ist so ungerecht

von Elizabeth Liddle

Sophie, Paul und Max sind am Strand.

Es ist Ebbe, vom Meer sieht man nur einen glänzenden Streifen am Horizont. Feuchter glatter Sand in der Sonne ohne Ende. Ein Sandburgentag!

Wie man eine Sandburg baut, weiß jeder. Zuerst macht man mit der Schaufelkante einen Kreis in den feuchten Sand. Je größer der Kreis ist, desto größer wird die Burg. Und je größer der Kreis ist, desto mehr muss man schaufeln. Denn als Nächstes hebt man rings-herum einen Graben aus. Den Sand aus dem Graben wirft man in den Kreis. Der Sandhaufen in der Mitte wird dann die Sandburg.

Sophie ist acht, sie hat die größte Schaufel. Sie findet einen tollen Bauplatz, wo der Sand ganz glatt und fein ist. Sie stellt sich mitten-drauf und streckt die Schaufel von sich, so weit sie kann. Jetzt dreht sie sich auf der Stelle und zieht die Schaufel ringsherum durch den

Sand. Ein Kreis, perfekt! »Meine Sandburg wird riesig!«, sagt Sophie.

Max findet woanders einen guten Bauplatz, schön eben. Wie Sophie zieht er einen Kreis mit der Schaufel. Er ist jünger als Sophie und hat eine kleinere Schaufel. Bei ihm gibt es einen kleineren Kreis. »Meine Sandburg wird schön!«, sagt Max.

Paul ist der Jüngste, er hat die kleinste Schaufel. Er ruft: »Meine Sandburg wird viel größer als die von Sophie!« Und er läuft im Kreis herum, zieht seine Schaufel hinter sich her und hinterlässt eine riesige Schlangenlinie.

Sophie, Max und Paul fangen jetzt alle drei an zu graben.

Max' Sandburg wächst schnell in die Höhe. Sein Graben ist so tief, dass unten Wasser darin steht. Er klatscht den Sandberg vorsichtig mit dem Rücken der Schaufel fest. Dann holt er in seinem Eimer noch mehr feuchten Sand. Vorsichtig stürzt er den Eimer auf seine Sandburg, zieht ihn ab und hat einen wunderbaren Turm gebaut. Und noch einen! Und noch einen!

Sophies Burg braucht mehr Zeit. Ringsherum zieht sich ein tiefer Graben, dahinter hat sie einen Wall angehäuft.

Paul schaut sich um. Er sieht die schöne Burg von Max. Er sieht die Wallanlage von Sophie. Er sieht seinen eigenen verwackelten Riesenkreis und das kleine Loch, das er selber gegraben hat.

»Das ist ungerecht!«, schreit Paul. »Meine Schaufel ist zu klein!«

»Ist sie gar nicht«, sagt Sophie. »Dein Kreis ist zu groß!«

»Ich will deine Schaufel!«, sagt Paul. »Immer kriege ich die kleinste Schaufel. Das ist ungerecht!«

»Weil du der Kleinste bist«, sagt Sophie.

»Warum muss der Kleinste immer die kleinste Schaufel kriegen?«, fragt Paul. »Ich baue die größte Burg. Ich brauche auch die größte Schaufel.«

Sophie denkt nach. Warum sollte Paul immer die kleinste Schaufel kriegen? Sie findet keinen Grund dafür, beim besten Willen nicht.

»Also gut, aber nicht für lange!«, sagt Sophie. Sie gibt Paul ihre große Schaufel und nimmt dafür seine kleine.

Sie graben weiter.

Die Sonne brennt. Paul beobachtet eine kleine Krabbe, wie sie seitwärts über den Sand rennt. Er stülpt den Eimer über sie und schon sitzt sie in der Falle. Jetzt hat er einen Gefangenen.

Er bohrt einen Geheimgang unter dem Eimerrand durch, damit die Krabbe fliehen kann. Nichts geschieht. Er hebt den Eimer hoch. Die Krabbe bleibt ruhig. Paul schubst sie an. Da vergräbt sie sich im Sand.

Sophie versucht, in der Mitte ihrer Wallanlage einen Sandberg

anzuhäufen. Mit der kleinen Schaufel von Paul
ist das harte Arbeit.

»Paul, ich brauche jetzt meine Schaufel zurück!«, sagt Sophie.

»Nein!«, sagt Paul.

»Das ist unfair!«, sagt Sophie. »Ich habe gesagt,
nicht für lange. Ich brauche meine Schaufel jetzt!«

»Nein!«, sagt Paul noch einmal.

»Aber du hast sie ja gar nicht benutzt, du hast
Krabben gefangen! Ich brauche wirklich jetzt meine Schaufel!«

»Ich bin aber fertig mit Krabbenfangen«, sagt Paul. »Ich brauche
jetzt die große Schaufel. Du kannst ja die von Max nehmen.«

»Ich brauche meine selber!«, sagt Max.

»Du kannst doch für deine Türme die kleine Schaufel von Paul
nehmen«, sagt Sophie. »Zum Turmbauen genügt eine kleine Schaufel.«

Das stimmte. Für Türme ist eine kleine Schaufel genauso gut wie eine große, sogar noch besser.

»Also gut«, sagt Max.

Max nimmt die kleine Schaufel von Paul, Sophie nimmt die mittelgroße Schaufel von Max, und Paul behält die große Schaufel von Sophie.

Sophie arbeitet schwer. Mit Max' Schaufel wächst ihre Burg schnell über die Wallanlage hinaus. Max setzt acht Türme oben auf seine Burg. Jeder Turm ist mit Muschelschalen verziert. Ein flaches Stück Treibholz führt als Brücke über den Burggraben und zwei weitere

Türme flankieren den Eingang. Paul hebt mit seiner großen Schaufel ein großes Loch aus und sein Sandberg beginnt, in die Höhe zu wachsen. Da läuft das Loch voll Wasser. Langsam rutscht der Sandberg in das Loch ab.

»Das ist ungerecht!«, sagt Paul. Er schaut zu Sophie hinüber und sieht, wie ihre Burg größer wird. Er sieht Max' Türme in der Sonne schimmern. Und er sieht seinen eigenen nassen Sandhaufen.

Das ist zu viel für Paul. Er heult vor Wut. Er greift sich Sophies große Schaufel und schlägt auf Max' Türme ein. Dann springt er auf Max' Burg.

Sophie starrt ihn mit offenem Mund an. Über Max' Wangen rollen zwei große Tränen.

»Paul«, sagt Sophie, »warum hast du Max' Burg kaputt gemacht?«

»Immer mache ich alles verkehrt!«, sagt Paul. »Ich hasse es, der Kleinste zu sein!«

»Da kann ich doch nichts dafür!«, sagt Max. »Deswegen brauchst du meine Burg nicht kaputt zu machen.«

Auf einmal spüren sie kaltes Wasser um ihre Fußknöchel. Die Flut kommt! Sie hat das Loch, das Paul gegraben hat, schon ganz ausgefüllt, und sie nagt an den Ruinen von Max' Türmen.

Schon füllt sich Sophies Burggraben mit Meerwasser.

»Oh nein!«, schreit Sophie. »Jetzt fällt meine Burg zusammen. Hilfe!« Sophie fängt an, ganz schnell zu graben. Max hilft ihr. Jetzt gräbt Paul auch mit. Alle drei Kinder schaufeln nassen Sand aus

Sophies Burggraben und werfen ihn über den Wall in die Mitte des Kreises.

Die Burg wächst schnell. Das ist die größte Sandburg aller Zeiten! Aber der Graben steht voll Wasser, und ringsum schwappen schon die Wellen. Alle drei klettern auf den Gipfel der Sandburg. Sie sind ganz vom Meer eingeschlossen. Einsam und verlassen!

»Wir sind schiffbrüchige Seeleute!«, ruft Sophie.

»Auf einer einsamen Insel!«, schreit Max und schwenkt seine Schaufel.

»Wir sind Schatzgräber!«, ruft Paul.

Die nächste grüne Welle ist höher als die Burg, rollt darüber hinweg und zieht die Kinder ins Wasser. Was von Sophies Burg übrig bleibt, ist ein nass glänzender Sandhaufen, der aussieht wie ein Delfinrücken.

Eimer und Schaufeln fangen an, in der schaumigen Flut davonzuschwimmen.

»Haltet sie fest!«, schreit Sophie, denn die zurückflutende Welle droht die Eimer ins Meer hinauszutragen. Eimer und Schaufeln fest in den Händen, rennen sie an den Strand und lassen sich in den warmen trockenen Sand fallen.

»Das war cool!«, sagt Paul.

»Fast wäre mein Eimer weg gewesen«, sagt Max.

»Jetzt lasst uns schwimmen gehen«, sagt Sophie.

Am Abend schauen Sophie, Max und Paul vom Balkon aus aufs Meer. Tief hinter dem Meer geht die Sonne unter. Wieder glatter, feucht schimmernder Sand ohne Ende.

Vom Meer sieht man nur noch den glänzenden Streifen am Hori-

zont, von den drei Sandburgen keine Spur mehr. Max seufzt. Paul schiebt seine Hand in die von Max. »Es tut mir leid, dass ich deine schöne Burg kaputt gemacht habe!«, flüstert er.

»Sie wäre sowieso fortgespült worden«, sagt Max.

»Als meine Burg eingestürzt ist, habe ich die Wut gekriegt, obwohl die Burg vielleicht gar nicht gut war!«

»Du hast nur versucht, deine Burg zu groß zu machen«, sagt Sophie, »und dann warst du enttäuscht.«

»Sophie, hat dir das was ausgemacht, als deine Burg eingestürzt ist?«, fragt Paul.

»Nein«, sagt Sophie, »das fand ich cool, wie die Welle darübergekracht ist.«

»Das war cool, wie wir alle heruntergefallen sind!«, sagt Paul.

»Die Flut hat nichts dafür gekonnt«, sagt Sophie. »Man kann ihr nicht böse sein. So ist sie eben, dass sie Sandburgen plattmacht.«

»Die Flut macht, dass alles wieder ist wie vorher«, sagt Max.

»Dass alles gerecht ist«, sagt Paul. »Die Flut macht, dass es für alle gerecht ist.«

Endlich bin ich Schulkind

von Martina Baumbach

Jetzt bist du bald ein Schulkind«, sagt Mama und öffnet die kleine Dose, die sie extra für den Wackelzahn gekauft haben.

Ben kann gar nicht aufhören, sich im Spiegel zu betrachten. Immer wieder schiebt er seine Zunge durch die Zahnlücke. Eine Ewigkeit war dort ein Wackelzahn und heute ist er endlich raus.

»Ja«, sagt Ben ernst. »Wer eine Zahnlücke hat, ist groß genug für die Schule.«

Und jetzt kann es die ganze Welt sehen! Milena wird morgen im Kindergarten Augen machen. Aber immer wenn Mama »bald« sagt, dauert es meistens noch endlos lang.

Nachmittags kommt Oma zu Besuch. Zum Kaffeetrinken, und natürlich, um Bens Zahnlücke zu bestaunen. Als er dann auf ihrem Schoß sitzt und sie zusammen ein Buch anschauen, sagt sie: »Großer Ben, bald kannst du mir vorlesen!«

Als Ben am nächsten Morgen im Kindergarten vor Milena steht, grinst er so breit, dass sie es einfach sehen muss.

»Cool«, sagt sie und grinst zurück. Und dann macht Ben Augen, denn Milena hat auch eine Zahnlücke. Ganz neu, genau wie er.

»Jetzt denkt niemand mehr, wir wären klein!«, ruft Ben begeistert. »Jetzt sehen wir wirklich schon fast wie richtige Schulkinder aus.«

Da werden sie von Frau Rose, der Erzieherin, gerufen. »Wir gehen in die Turnhalle«, sagt sie. »Die Vorschulkinder helfen bitte den Kleinen beim Umziehen.«

»Ja, machen wir!«, antworten Ben und Milena und nicken wichtig, denn seit diesem Jahr gehören sie im Kindergarten zu den Großen. Am allerliebsten hilft Ben beim Schleifebinden, darin ist er Spezialist.

Am Nachmittag ist Ben mit Milena auf dem Spielplatz verabredet.

»Hoffentlich kommen wir alle in dieselbe Klasse«, sagt Milena.

»Klar!«, sagt Ben, schließlich haben sie doch ausgemacht, dass Milena und er in der Schule nebeneinandersitzen werden. Aber ein bisschen mulmig ist ihm nun doch.

»Ich bin schon auf den Pausenhof gespannt«, erklärt Milena.

Da tauchen plötzlich Kai und seine Bande mit den Rädern auf. »Ihr seid doch noch viel zu klein für die Schule!«, johlen sie.

»Sind wir nicht«, antwortet Milena zornig.

»Ich kann sogar schon meinen Namen schreiben!«, ruft Ben.

»Das Gekritzel nennst du Schreiben?« Die Jungs schütteln sich vor Lachen.

»Selber Gekritzel«, stöhnt Milena und verdreht die Augen.

Aber da treten die Jungs schon in die Pedale und rauschen davon.

»Angeber!«, ruft Ben, vielleicht ein bisschen zu leise, als dass sie es noch hören könnten.

Bald darauf ist Schnuppertag in der Schule. Zusammen mit Frau Rose besuchen Ben und die anderen Vorschulkinder eine echte erste Klasse. Das Schulhaus ist riesengroß, viel größer, als Ben sich das vorgestellt hat. Sie kommen an unzähligen Türen vorbei und immer wieder wird Ben von drängelnden und schubsenden Kindern überholt, als würden sie ihn gar nicht bemerken.

»Wir sind da!«, ruft Frau Rose und zeigt auf eine offene Tür.

Im Klassenzimmer beobachtet Ben gebannt die Schulkinder. Sie scheinen alle ganz genau zu wissen, wie Schule geht: Wann man ein Heft aus dem Schulranzen holt, wann man sich meldet oder wie man etwas schreibt. Am Ende der Stunde darf Ben das Arbeitsblatt mit nach Hause nehmen, auf dem er den Hexen-Buchstaben gemalt hat. Blödsinn, Ben kichert, das ist doch nicht gemalt, richtig geschrieben hat er heute!

Als er mittags nach Hause kommt, liegt ein Brief ganz feierlich auf dem Küchentisch, so wie sonst nur Geburtstagskarten.

»Das ist eine Einladung für dich«, sagt Mama. »In zwei Wochen ist Schulanmeldung.«

Ben mustert aufmerksam die vielen Buchstaben auf dem Brief, die stumm und geheimnisvoll neben- und untereinanderstehen.

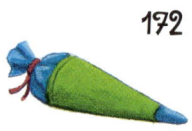

»Dann müssen wir unbedingt bald den Schulweg üben«, sagt Ben.

Zum Anmeldetag in der Schule werden Ben und Papa von einer Lehrerin begrüßt. Papa hat ein kleines Büchlein dabei, in dem steht, wann Ben geboren ist.

Am 1. Mai, das weiß Ben auch selber. Dann führt die Lehrerin Ben in ein Klassenzimmer und er ist ganz alleine mit ihr. Papa wartet solange auf einem Stuhl vor der Tür und muss furchtbar viele Formulare ausfüllen.

»Schön, dass du bald zu uns in die Schule kommst«, sagt die Lehrerin zu Ben und kein Wort davon, dass er zu klein ist.

»Ja, ich werde bald sechs«, sagt Ben, und dann sprudelt es auch schon aus ihm heraus: »Milena und ich wollen unbedingt in dieselbe Klasse!«

»Fein«, antwortet die Lehrerin. »Das schreibe ich mir gleich auf.«

Zum Schluss bekommt Ben eine Besorgungsliste mit allem, was er als Schulkind braucht. Aber das Wichtigste hat er sich längst im Schaufenster des Schreibwarenladens ausgesucht: den Schulranzen mit dem knuddeligen Hund und den Tatzen drauf!

Am letzten Tag vor den Sommerferien ist der Kindergarten besonders schön geschmückt. Überall flattern bunte Bänder und es gibt

jede Menge Kuchen und Eis. Aber irgendwie kann Ben nicht richtig froh sein. Als Frau Rose ihm winkt, spürt er einen dicken Kloß im Hals. Bald ist sie nicht mehr seine Frau Rose und bald ist es auch nicht mehr sein Kindergarten.

»Besuchst du uns dann einmal?«, fragt Frau Rose und legt den Arm um Ben. Ganz weich und warm.

»Klar«, antwortet Ben, »immer, wenn ich Ferien habe!«

»Bestimmt bist du sehr auf die Schule gespannt«, sagt Frau Rose.

Ben überlegt. »Schon«, sagt er schließlich. »... aber Milena kann schon bis dreißig zählen!«

»Ja, das ist weit«, sagt Frau Rose lächelnd. »Aber mach dir keine Sorgen, in der Schule werdet ihr beide noch viel mehr lernen.«

Zum Abschluss bekommen alle ihre selbst gebastelten Schultüten mit nach Hause. Ben strahlt mit Milena um die Wette.

»Da passen ganz schön viele Geschenke rein!«, ruft Ben. »Ob wir die Schultüte dann überhaupt noch tragen können?«

Endlich sind die Sommerferien vorbei. Noch einen Tag länger und Ben hätte das Warten nicht mehr ausgehalten.

»So, fertig«, sagt Papa und legt den Schraubenschlüssel fort.

Dann bestaunen Ben und Papa und Mama zusammen Bens ersten eigenen Schreibtisch. Wie funkelnd steht er in Bens Zimmer vor dem Fenster. Zusammen mit dem neuen Drehstuhl, der sogar einen eingebauten Aufzug hat.

Abends liegt Ben lange wach. Nur noch ein Mal schlafen, dann ist es so weit: der erste Schultag! Wie wohl die anderen Kinder sein werden ... und die Lehrerin? Was, wenn er sich nicht gleich alles merken kann? Wenn er und Milena nicht nebeneinandersitzen werden? Ob sie gerade auch nicht schlafen kann? Hat er auch wirklich auf alle Hefte seinen Namen geschrieben?

Als Ben noch einmal aus dem Bett krabbelt, um nach seinem Schulranzen zu sehen, glaubt er einen Moment lang, der süße Hund darauf hätte ihm zugeblinzelt.

Am nächsten Morgen sind Mama und Papa mindestens so aufgeregt wie Ben.

Mama trägt die Schuhe mit den Klapperabsätzen, weil es so ein besonderer Tag ist, hat sie gesagt, und Papa geht sogar extra nicht zur Arbeit.

»Wir müssen los!«, ruft Ben, der längst mit Schulranzen und Schultüte auf der Treppe wartet. »Sonst fangen sie ohne mich an.«

»Für ein Schulkindfoto haben wir noch Zeit«, sagt Mama und läuft mit Ben zum Apfelbaum vor dem Haus.

Ben muss die Schultüte mit beiden Händen festhalten, so schwer ist sie. Wenn er nur endlich wüsste, was darin ist! Er ist so zappelig, dass das Bild bestimmt ganz verwackelt wird. »Der Schulranzen muss unbedingt mit drauf!«, ruft Ben.

»Lächeln«, sagt Mama, und dann sieht man, dass Ben inzwischen sogar schon zwei Zahnlücken hat.

Bevor die Schule beginnt, ist Gottesdienst. Das ist nicht jeden Morgen so, erklärt Mama, aber am ersten Schultag und an besonderen Tagen.

Als Ben, Mama und Papa sich in der Kirche einen Platz suchen, sind schon viele Eltern und Kinder da. Ein paar kennt Ben aus dem Kindergarten, aber die meisten hat er noch nie gesehen. Da entdeckt er Milena mit ihren Eltern. Sie hat ein neues Kleid an und sieht wunderschön aus.

Als die Orgel beginnt, sind plötzlich alle still. Ben reckt den Hals, bis er den Pfarrer sieht. Doch er ist heute nicht allein, neben ihm steht noch ein Pfarrer. Ben muss grinsen, weil es irgendwie lustig ist, eine Kirche und zwei Pfarrer. Jetzt treten sie ans Mikrofon.

»Liebe Erstklässler, liebe Eltern, liebe Geschwister …«, hallt es durch den Raum.

»Erstklässler«, flüstert Ben. »Damit bin ich gemeint!« Mama drückt Bens Hand. Und als dann alle zu singen anfangen, fühlt Ben sich richtig feierlich. Heute ist wirklich ein besonderer Tag.

In der Schule werden alle Erstklässler von den größeren Schülern mit einem Willkommenslied empfangen und dann von den Lehrerinnen in ihre Klassenzimmer geführt.

Bens Klasse ist die 1a. Er steht neben Mama und Papa, hält die Schultüte an sich gepresst und sieht sich nach Milena um. Inzwischen sind kaum noch Sitzplätze frei und Milena scheint wie vom Erdboden verschluckt zu sein. Ben hat doch genau gehört, wie die Lehrerin vorhin auch ihren Namen für die 1a aufgerufen hat. Oder hat er sich geirrt? Da zupft auf einmal jemand an seinem Arm und zieht ihn hinter sich her – Milena!

»Komm, hier ist noch frei!«, ruft sie strahlend und legt ihre Schultüte quer über den freien Tisch.

»Mann, das war aber knapp!«, ruft Ben aufgedreht, während er blitzschnell auf den Stuhl neben Milena rutscht. Und dann hätten sie fast Sonnenbrillen gebraucht, gegen das Blitzlichtgewitter von all den Fotoapparaten der Eltern.

Nun müssen sich Mama und Papa und die anderen Eltern verabschieden. Schließlich waren sie ja schon in der Schule und können längst lesen und schreiben und rechnen.

Ben ist immer noch ganz zappelig. Gespannt sieht er zur Tafel und betrachtet seine neue Lehrerin, die kein bisschen wie Frau Rose aussieht. So hat er sich das nämlich immer vorgestellt.

»Herzlich willkommen!«, sagt sie. »Ich bin Frau Karmesin!« Und als sie dann lächelt, möchte Ben am liebsten, dass sie gar nicht mehr damit aufhört. Milena gibt ihm einen Schubs. »Sie ist nett, nicht wahr?«

Ben nickt, die netteste Lehrerin von allen.

Viel zu schnell tönt der Gong durchs Schulhaus.

»Wir sehen uns morgen wieder«, sagt Frau Karmesin. »Ich freu mich schon.«

178

›Ja‹, denkt Ben, ›ich freu mich auch.‹ Und dann stürmt er mit Milena und den anderen zur Tür hinaus.

Vor der Schule werden sie bereits von allen Eltern erwartet. Es sind so viele, dass Ben einen Moment suchen muss, bis er Mama und Papa in dem Gewühl findet. Sogar Oma und Opa sind mitgekommen, um Ben abzuholen.

Ben weiß gar nicht, was er zuerst erzählen soll. »Unsere Lehrerin heißt Frau Karmesin!«, ruft er begeistert. »Und wir haben heute schon ein Lied gelernt und richtige Hausaufgaben bekommen …« Er hält inne und grinst. »Und jetzt gehen wir heim: Ich will endlich wissen, was in meiner Schultüte ist!«

Dann läuft er voraus, den Weg nach Hause. Wie er es mit Mama geübt hat.

Der Schulranzen hopst auf seinem Rücken, als wäre er ein Raketenrucksack.

Er dreht sich nach Mama und Papa und Oma und Opa um, doch die sind mal wieder viel zu langsam.

»Jetzt bin ich ein Schulkind!«, ruft Ben ausgelassen. »Und morgen … morgen lerne ich lesen!«

Fridolin und der Zauberspiegel

von Angelika Bartram und Jan-Uwe Rogge

Fridolin war in die Schule gekommen. Er hatte sich schon lange auf diesen Tag gefreut. Und begeistert trug er seinen großen bunten Ranzen mit den Rennpferden darauf schon Wochen vorher stundenlang zur Probe auf dem Rücken. Nun war er endlich ein Schulkind!

Als Fridolin den ersten Buchstaben in sein Heft malte, lächelte er zufrieden. ›Jetzt bin ich wirklich groß!‹, dachte er und war sehr stolz.

Aber dann hatten sie Turnen. Alle stürmten in den Umkleideraum. Und während sich die anderen Kinder ihre Sportsachen anzogen, prahlten sie, was sie schon alles konnten: einen Handstand, ein Rad, ganz viele Purzelbäume …

Da kam Fridolin sich auf einmal klein und mickrig vor. Klar, er hatte das alles auch schon versucht … Rad, Purzelbäume und Handstand, sogar einen einarmigen Handstand. Aber jetzt, wo jeder damit angab, war er sich plötzlich sicher, dass er kläglich versagen würde.

Fridolin bekam ein ganz mulmiges Gefühl im Bauch. Ihm wurde schwindelig, und in seinem Magen drehte sich alles. Deshalb blieb er einfach auf der Bank im Umkleideraum sitzen und tat gar nichts.

Seine Lehrerin kam und setzte sich zu ihm. »Fridolin, was ist? Geht's dir nicht gut?«

Fridolin senkte den Kopf und sagte leise: »Ich hab Bauchschmerzen.«

Das stimmte zwar nicht. Aber Fridolin fand das als Erklärung einfacher als alles andere.

»Soll ich deine Mama anrufen?«, fragte die Lehrerin.

»Meine Mama ist nicht da. Aber meine Oma.«

»Na gut, dann geb ich ihr Bescheid, dass sie dich abholen soll.«

Fridolin nickte. Er hielt sich den Bauch. Plötzlich hatte er wirklich Bauchschmerzen.

Kurze Zeit später holte Fridolins Oma ihn ab. Fridolin war immer noch ganz still. Er hatte beobachtet, wie seine Lehrerin mit seiner Oma gesprochen hatte. Bestimmt hat sie ihr gesagt, dass ich feige bin – so feige, dass ich davon sogar Bauchschmerzen bekomme, dachte er.

»Das mit deinen Bauchschmerzen kriegen wir schon wieder hin!«, tröstete ihn seine Oma, als sie zu Hause waren. »Und wenn es dir besser geht, dann zeige ich dir auf dem Dachboden meinen Zauberspiegel.«

»Deinen Zauberspiegel? Was zaubert der denn?«

»Das kann man vorher nie so genau sagen. Es kommt darauf an, ob man sein Geheimnis entdeckt. Aber wenn du es entdeckst, dann kann der Zauberspiegel dir zeigen, was du dir wünschst. Wenn du dir das ganz genau vorstellst. Und manchmal hilft er auch, diese Wünsche zu erfüllen.«

Mit einem Mal waren Fridolins Bauchschmerzen schon viel weniger schlimm, denn er wollte das Geheimnis dieses Zauberspiegels so schnell wie möglich herausbekommen.

Und während seine Oma für ihn Kamillentee kochte, schlich Fridolin auf den Dachboden …

Dort fand er einen großen, alten Wandspiegel. Die Spiegelfläche war ganz stumpf und über und über mit Staub bedeckt. Fridolin kramte in seinen Taschen und fand ein Taschentuch. Damit begann er den Staub abzuwischen.

Plötzlich blieb er hängen. Ein Haken? Fridolin untersuchte das Ding genauer und bemerkte, dass es das Ende eines Reißverschlusses war.

Ganz vorsichtig zog er daran. Und wie ein dünner silberner Vorhang teilte sich der Spiegel. Fridolin war sich sicher, dass dahinter das Geheimnis steckte, das er herausfinden wollte. Er zögerte noch einen kurzen Moment, dann nahm er all seinen Mut zusammen, trat durch den Vorhang und stellte sich ganz fest vor, was er sich wünschte. Und mit einem Mal stand er mitten auf einer großen Bühne. Im Zuschauerraum sah er lauter vertraute Gesichter: seine Eltern, seine Freunde, seine Lehrer. Alle klatschten und riefen: »Bravo, bravo! Fridolin, der Meister im einarmigen Handstand!«

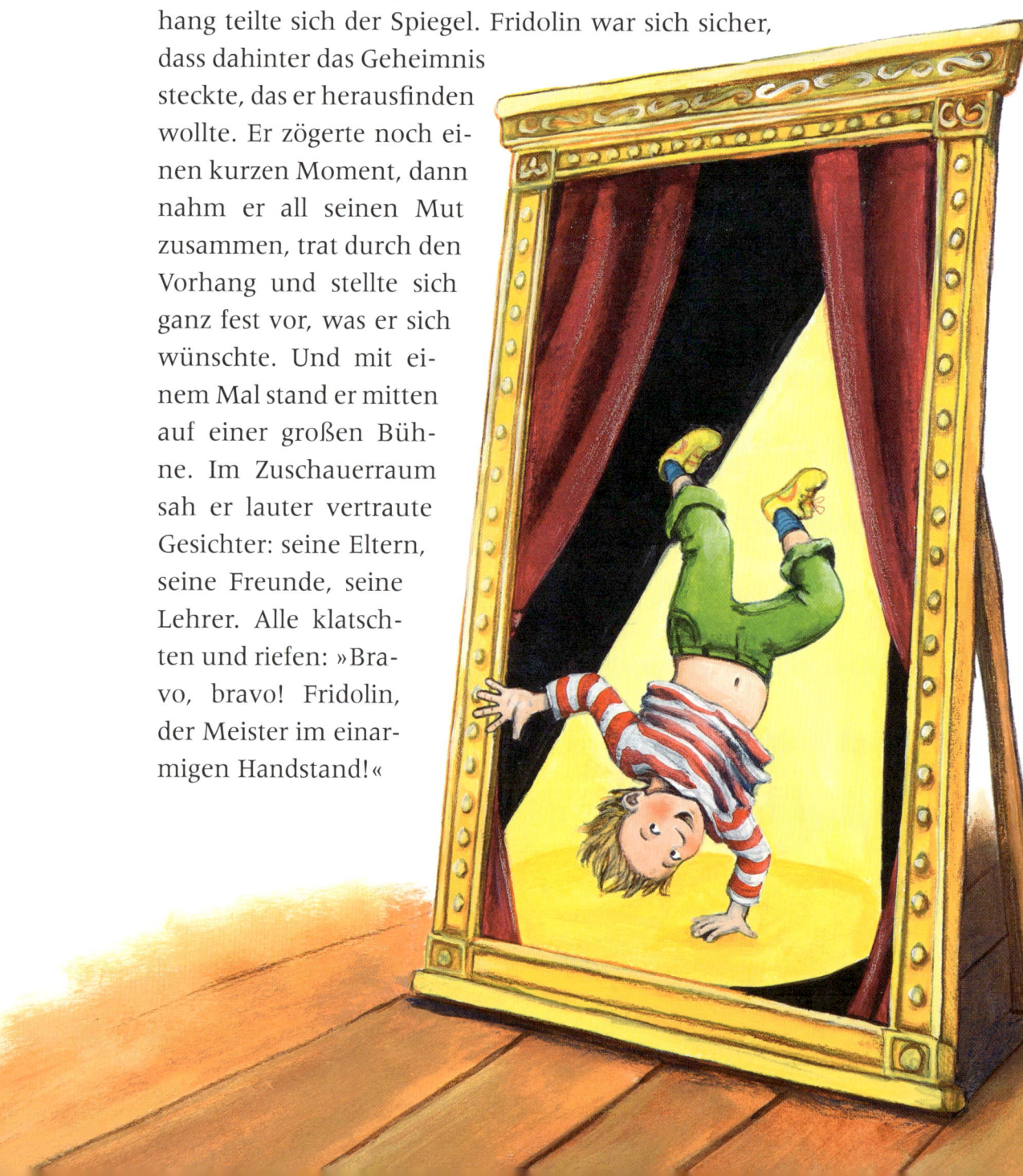

Fridolin spürte, wie ihm ganz heiß wurde. Seine Wangen glühten, und in seinen Ohren rauschte es. Gerade den einarmigen Handstand probierte er seit Wochen.

Aber er war ihm bisher noch nie ganz gelungen.

Da hörte er sie wieder rufen: »Bravo, bravo! Fridolin, der Meister im einarmigen Handstand!«

Da fasste sich Fridolin ein Herz. Er trat nach vorn, atmete einmal tief ein, holte Schwung und … stand wie eine Eins auf einem Arm! Ein Riesenapplaus dröhnte in Fridolins Ohren.

Langsam ging der Vorhang wieder zu, aber der Applaus klang immer noch hindurch, bis der Vorhang ganz geschlossen war. Jetzt stand da wieder ein ganz normaler Spiegel. Fridolin suchte den Haken und den Reißverschluss. Aber er fand nur ein paar winzig kleine Kratzer. Ungläubig probierte er den einarmigen Handstand. Und … stand wie eine Eins auf einem Arm! Stolz betrachtete sich Fridolin dabei im Spiegel.

Da entdeckte er hinter sich seine Oma.

»Bravo, Fridolin! So einen einarmigen Handstand hab ich ja noch nie gesehen!«, lobte sie ihn.

»Ich hab das Geheimnis des Spiegels entdeckt!«, erzählte Fridolin stolz.

»Und ich hab dir Tee gekocht gegen deine Bauchschmerzen. Hier! Am besten trinkst du ihn, bevor er kalt wird.«

»Bauchschmerzen?« Fridolin überlegte. »Ich glaube, ich habe keine Bauchschmerzen mehr!« Und er strahlte seine Oma an.

Am nächsten Tag ging Fridolin fröhlich zur Schule. Und als die Turnstunde anfing, war Fridolin der Erste, der fertig umgezogen war.

Quellenverzeichnis

Angelika Bartram/Jan-Uwe Rogge: *Fridolin und der Zauberspiegel.* Aus: Jan-Uwe Rogge, Angelika Bartram: »Kleine Helden – großer Mut. Geschichten, die stark machen«. Illustrationen von Annette Swoboda. Copyright © 2006 Rowohlt Verlag GmbH, Reinbek bei Hamburg

Martina Baumbach, *Rosa, Papa und die Sache mit dem Hund* © Martina Baumbach

Martina Baumbach, *Carlotta und der Wobber* © Martina Baumbach

Martina Baumbach, *Endlich bin ich Schulkind* © 2011 by Gabriel Verlag (Thienemann Verlag GmbH), Stuttgart/Wien

Kirsten Boie/Jutta Bauer, *Juli und das Monster* © 1995 Beltz & Gelberg in der Verlagsgruppe Beltz, Weinheim/Basel

Beate Dölling, *Der verzauberte Bruder* © Beate Dölling

Michael Ende, *Das Traumfresserchen* © 1978, 2004 by Thienemann Verlag (Thienemann Verlag GmbH), Stuttgart/Wien

Erwin Grosche, *Der Wutanfall*. Überarbeitete Geschichte aus: Erwin Grosche: »Achtung Wutüberfall«, © 2007 by Gabriel Verlag (Thienemann Verlag GmbH), Stuttgart/Wien

Erwin Grosche, *Der ungläubige Thomas* © Erwin Grosche

Elizabeth Liddle, *Das ist so ungerecht* © 2009 by Gabriel Verlag (Thienemann Verlag GmbH), Stuttgart/Wien

Lotta kann fast alles von Astrid Lindgren, gekürzte Fassung aus: Strömstedt, Astrid Lindgren – Ein Lebensbild © Verlag Friedrich Oetinger, Hamburg 2001

Neue Lieblingsbücher entdecken, in spannenden Leseproben stöbern, tolle Gewinne sichern und allerhand Lustiges und Wissenswertes erfahren – das bieten unsere neuen Newsletter für große und kleine Leseratten. Kostenlos anmelden unter www.gabriel-verlag.de

Rau, Kathrin (Hrsg.):
Das Vorlesebuch für starke Familien
ISBN 978 3 522 30376 7

Gesamtausstattung: Rike Janßen
Einbandtypografie: Michael Kimmerle, Stuttgart
Schrift: Meridien
Satz: KCS GmbH, Stelle/Hamburg
Reproduktion: Photolitho AG, Gossau/Zürich
Druck und Bindung: Livonia Print, Riga
© 2014 Gabriel Verlag in der
Thienemann-Esslinger Verlag GmbH, Stuttgart
Printed in Latvia. Alle Rechte vorbehalten.
5 4 3 2 1°   14 15 16 17

Vorlesespaß
~ für alle! ~

Michael Ende, Cornelia Funke,
Otfried Preußler u.v.a

**Das Vorlesebuch für kleine
starke Jungs**
mit farbigen Illustrationen von D. Hennig
216 Seiten · ISBN 978-3-522-18277-5

Michael Ende, Cornelia Funke,
Otfried Preußler u.v.a.

**Das Vorlesebuch für kleine
starke Mädchen**
mit farbigen Illustrationen von K. Höcker
192 Seiten · ISBN 978-3-522-50158-3

Michael Ende, Cornelia Funke,
Otfried Preußler u.v.a

**Das Vorlesebuch von kleinen
starken Tieren**
mit farbigen Illustrationen von D. Hennig
192 Seiten · ISBN 978-3-522-18374-1

Dagmar Geisler

Geschwister sind unschlagbar
Geschichten zum Vorlesen
144 Seiten · ISBN 978-3-522-30259-3

Oliver Scherz

**Wir sind nachher wieder da,
wir müssen kurz nach Afrika**
mit farbigen Illustrationen von B. Scholz
112 Seiten · ISBN 978-3-522-18336-9

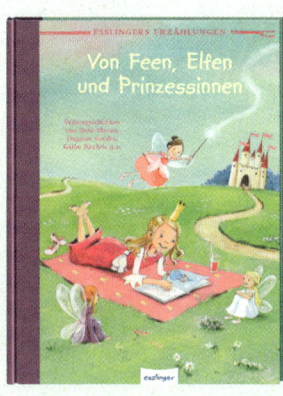

*Cornelia Funke, Paul Maar,
Enid Blyton u.v.a.*

Von Feen, Elfen und Prinzessinnen
mit farbigen Illustrationen von
S. Leberer und M. Rachner
96 Seiten · ISBN 978-3-480-23150-8

*Cornelia Funke, Paul Maar,
Enid Blyton u.v.a.*

Von Drachen, Rittern und Piraten
mit farbigen Illustrationen von
S. Leberer und M. Rachner
96 Seiten ·ISBN 978-3-480-23151-5